Brèves de conte

Evelyne Hanquart-Turner

Brèves de conte

Nouvelles

LE LYS BLEU
ÉDITIONS

L'escargot du troisième étage

Il était entré dans sa vie avec une salade.

C'était jour de marché et les maraîchers de la banlieue venaient apporter leurs produits, frais, bio, appétissants, encore humides de la rosée du matin. Chaque semaine, elle venait faire une petite provision de convivialité et de naturel qui lui donnait bonne conscience comparée à ses achats plus courants au supermarché. Munie d'un grand panier d'osier acheté lors des dernières vacances à l'Île-aux-Moines, elle se sentait un peu plus libre de son temps tandis qu'elle arpentait les allées à la recherche de fruits, légumes et salades encore craquantes, qui la réjouiraient cette semaine-là, se rassurant sur ses capacités à être encore une meilleure ménagère soucieuse de bien-être et de santé, comme il est politiquement correct en ces temps.

Elle avait donc choisi cette superbe et gigantesque scarole avec soin et l'avait déposée sur le haut du panier avant d'affronter les trois étages (sans ascenseur) qui montaient à son petit appartement. Elle s'apprêtait à ranger mécaniquement, mais selon les règles de la chaîne du froid, ces provisions toutes fraîches sur les diverses étagères du frigidaire, lorsque sa main, saisissant la salade, tomba sur quelque chose de dur et de légèrement visqueux ; elle la retira dans un geste de surprise dégoûtée avant de l'apercevoir.

C'était un très bel escargot de Bourgogne, la coquille rendue encore plus brillante par l'humidité de la scarole. Sphérique ou plutôt bulbaire comme un clocher orthodoxe avec l'esquisse de sa petite pointe au sommet, finement striée presque perpendiculairement à ses volutes de différentes teintes de brun allant jusqu'au bringé sur un fond plutôt beige. Elle offrait par sa rondeur et sa solidité un contraste plaisant avec le corps élastique et linéaire qui en sortait par un large portail arrondi comme une arche romane. Le corps tendu vers l'avant dont les bords se rétractèrent lorsqu'elle saisit la coquille, d'un gris tirant vers le jaunâtre, pouvait sembler sans beauté. Pourtant le caractère lisse de son pied était en soi une perfection contrastant à son tour avec l'aspect écaillé du haut du corps terminé par quatre antennes, les deux plus grandes, orientées vers le haut, d'une extrême mobilité dont l'apparente fragilité soulignée par la finesse d'un trait noir central aboutissant aux deux minuscules boules des « yeux » l'attendrit aussitôt qu'elle l'observa : tandis que les deux petites cherchaient à tâtons un contact avec un sol hypothétique, elles semblaient explorer d'un regard quelque peu inquiet l'univers inconnu de la cuisine.

Elle hésitait sur son destin. Allait-elle mettre fin à ses jours dans la poubelle par souci hygiéniste, ou bien avec une certaine magnanimité écologique, lui rendre sa liberté sur le balcon, par exemple ? Mais alors, quid de ce qui lui donnait l'illusion d'un jardinet au bord de sa fenêtre et des quelques plantes qui acceptaient d'y vivre dans l'air parisien ?

Lui, qu'elle avait tiré de sa somnolence maraîchère, sans inquiétude sur son destin immédiat, s'était mis à avancer silencieusement sur le plan de travail qui recouvrait le frigidaire. Elle le trouvait beau, avec son assurance lente et obstinée qui bientôt fit revenir à sa mémoire des jeux d'enfants, des cousins, des vacances... Une année, ils s'étaient constitué une écurie d'escargots « de course » dont ils observaient pendant plusieurs jours les compétitions sur un « escargodrome » de leur fabrication, jusqu'à ce que les compétiteurs disparaissent mystérieusement ou qu'ils retrouvent des coquilles vides après les avoir négligés pendant quelques jours pour d'autres jeux plus excitants. Elle lui fit don d'une ou deux feuilles de cette scarole qui l'avait conduit jusqu'ici et d'un grand plat creux qui serait son abri temporaire dans un coin discret du plan de travail. Lâchement, elle se désintéressa de lui dans sa cuisine, au moins pour quelque temps.

Le lendemain matin, bien entendu, le plat était vide. Elle regarda tout autour, par terre, pour ne pas l'écraser, lorsqu'elle l'aperçut tout près du frigidaire, probablement un endroit plus frais et humide que l'espace dont elle l'avait gratifié. Il était là, paisiblement, dans sa coquille un peu moins brillante, certes, mais toujours aussi rond et aussi beau, les stries de la coquille toujours aussi nettes et élégantes. Après l'avoir reconduit chez lui, elle lui fit à nouveau don d'une feuille de scarole fraîche, s'attendant à le voir sortir, toutes cornes dehors, pour aller vers elle. Il n'en fit rien et, haussant mentalement les épaules devant ses espérances puériles, elle passa à autre chose.

Lorsqu'elle rentra le soir, il n'était plus dans son plat creux, mais la feuille de salade, quelque peu défraîchie, avait visiblement trouvé grâce à ses yeux. Elle le suivit à la trace, des yeux tout d'abord, puis, se retournant prudemment, elle se dirigea vers le frigidaire. Il avait retrouvé son coin favori et s'était mis à escalader cet Everest lisse avec application. Puisqu'il semblait avoir une attraction particulière pour cette partie de la cuisine, elle y installa son plat et, puisqu'il était toujours là, elle décida de le baptiser Ambroise, en souvenir du

Manège enchanté. Toutes ces innovations le laissaient indifférent, persévérant dans son ascension avant qu'elle y mette terme et le repose chez lui, recroquevillé cette fois dans sa coquille, son pied, si lisse et adhérant pendant qu'il avançait, ayant pris une position concave et étriquée devant la soudaineté brutale de son intervention.

Quelques jours se passèrent ainsi, ponctués, à ses retours, par de prudentes recherches pour retrouver Ambroise au cours de ses lentes pérégrinations dans la cuisine et par ses tentatives pour le remettre à la place que sa toute-puissance lui avait arbitrairement assignée. Elle avait ainsi circonscrit son domaine, poussée par la curiosité de voir combien de temps durerait leur cohabitation et soucieuse toutefois de ne pas lui livrer le reste de l'appartement. Outre la cuisine, ils partageaient la salade. Au marché suivant, elle en rapporta une autre, tout aussi fraîche et craquante que la première mais cette fois inhabitée. Elle en fut presque déçue, amusée qu'elle était par sa découverte de la semaine précédente. Ambroise menait sa petite vie tranquille, la plupart du temps à proximité du frigidaire, sans se préoccuper d'elle ni de ses interventions despotiques ou de ses attentions qu'il devait sans doute considérer comme naturelles.

Un escargot n'est pas un animal domestique après tout, et même si sa présence la divertissait et si elle aimait bien admirer les couleurs et les stries de sa coquille, lorsqu'on se soucie de préserver la nature, il vient un moment où l'on doit laisser celle-ci reprendre ses droits. Elle décida donc, en toute bonne conscience écologique, de mettre dehors Ambroise, escargot des champs devenu au hasard d'une scarole escargot des villes. Pour son bien-être, elle se sentait prête à sacrifier les plantes aromatiques de sa jardinière sur le rebord de la fenêtre de la cuisine. Elle se disait qu'il n'irait pas bien loin une fois installé dans ce pays de cocagne à la terre humide et à la verdure sur pied. En effet, pendant deux ou trois jours, elle le vit plus ou moins clairement entre les tiges de plus en plus dégarnies et les feuilles abîmées du persil, du cerfeuil ou du basilic qu'elle était prête à partager avec lui.

Puis un soir, il ne fut plus là. Elle regarda tout autour en vain, jusqu'au moment où elle eut l'idée de lever les yeux. Ayant délaissé, pour on ne sait quelle raison, la jardinière qui devait pourtant être si accueillante, Ambroise avait repris ses activités d'alpiniste et escaladait avec la même persévérance qu'il avait mise dans l'ascension du frigidaire, le mur blanc qui s'élevait vers le quatrième étage. Elle se saisit de lui et le ramena, manu militari, dans sa jardinière. Recroquevillé dans sa coquille comme à chacune de ces interventions, il regagna pour cette fois sa résidence surveillée. Le lendemain et les jours suivants, le manège se répéta, jusqu'au soir où, lorsqu'elle leva les yeux, elle dut admettre qu'Ambroise l'avait devancée. Sa détermination à l'escalade avait été si forte qu'il avait dû battre des records de vitesse et était parvenu à grimper si haut que sa main ne pouvait plus l'atteindre. Elle se résigna donc à ce qu'il préfère les géraniums du quatrième à ses herbes aromatiques et elle lui dit mentalement adieu.

Elle ne sut jamais s'il était parvenu jusqu'au nouveau territoire de sa convoitise, car le lendemain il avait disparu, tombé du mur comme dans une crevasse alpestre ou victime de la jungle des villes, proie d'un pigeon parisien, ou bien avait-il été adopté par la locataire du quatrième ? Elle n'eut jamais l'audace de le lui demander.

Genius loci

La maison du docteur était une modeste gentilhommière à l'orée du village. La côte sauvage n'était pas loin, et le soir, quand s'étaient tus les bruits familiers de la vie ordinaire, on entendait les vagues se briser sur les rochers et le vent du large souffler jusqu'aux vieux tilleuls qui bordaient le jardin. Dominique m'y avait invitée pour quelques jours de détente en attendant les résultats de l'agrégation. Elle avait trouvé ce remplacement d'été, son tout premier, grâce à un camarade de fac dont le parrain, médecin de campagne depuis des années, avait enfin décidé de mettre la voile vers les Caraïbes pour changer d'air et d'océan pendant quelques semaines.

J'avais à peine posé ma valise et terminé mon installation dans une des chambres de l'étage que Dominique reçut un appel qui l'obligeait à rentrer précipitamment à Paris.

« Je suis désolée, mais je ne peux pas faire autrement. Ce n'est que pour un jour ou deux, évidemment. Tu n'as qu'à rester m'attendre. Je ne serai pas longue. Je vais contacter un collègue pour les urgences. Tu seras tranquille et tu auras la maison pour toi. »

Pourquoi pas, après tout ? La route avait été longue dans ma petite voiture, et j'avais grande envie d'un calme que ce cadre paisible et non dénué d'élégance ni de confort semblait me promettre. Après tous ces mois passés enchaînée à mon bureau dans mon petit studio parisien, l'appel des grands espaces, intérieurs et extérieurs, était fort. Je décidai d'aller me promener et prendre un peu la mesure de mon nouveau domaine. Évitant de passer par le village pour échapper aux éventuels regards interrogateurs des gens d'ici (je ferai connaissance lorsque je serai reposée), j'optai pour la solitude et pris l'étroit chemin au tracé chancelant qui passait à travers la lande une fois franchie la petite porte du jardin. Les ajoncs n'étaient pas encore en fleur, mais leurs petites têtes piquantes se teintaient de ce jaune franc dont la luminosité réjouit le cœur. Je marchais d'un pas vif malgré les irrégularités du sentier, ravie de cette détente après les heures de confinement du voyage. Très vite, je le vis. Il était là, à mes pieds pour ainsi dire, après les quelques mètres où le sentier rejoignait le chemin des douaniers. L'océan d'un bleu ardoisé à cette heure, moiré par endroits, jusqu'à l'infini. En approchant, je voyais la côte, les rochers de granit acérés, brillants dans la lumière du soir de l'eau qui les recouvrait périodiquement.

Avec constance et régularité, les vagues les attaquaient et pourtant produisaient à chaque assaut des gerbes d'eau et d'écume de forme et d'intensité différentes dont la beauté et la puissance me charmaient. Sur le chemin, qui serpentait cette fois parallèlement à la côte, j'avançais à pas plus lents, savourant le vent sur mon visage et l'odeur de liberté et de force solide que, selon ses caprices, il portait vers mes narines avides. Ce parfum unique d'herbes sauvages grillées par le soleil de la journée mêlé à celui des embruns, iodé, incomparable, rappelant à mon corps le bien-être animal de l'enfant en vacances. J'exultais doucement au fond de moi de cette solitude complète et rassurante, de cette liberté d'être sans arrière-pensée. Bientôt, trop tôt, me sembla-t-il, je remarquais le déclin du jour. Cette impression se trouva confirmée par mes efforts vains pour lire ce qui était gravé sur une belle stèle de granit que je venais de découvrir, face à la mer, au bord du chemin. « … 27 juin 1795… », cela n'évoquait rien pour moi, mais l'ancienneté de la date, et l'incongruité du lieu, cette solitude battue par les flots, piquaient ma curiosité et je me promis de revenir pour lire cette inscription en pleine lumière. Le soir tombait lentement, de cette lenteur délicieuse des soirs d'été, mais il était grand temps de rebrousser chemin si je ne voulais pas passer la nuit dans la lande et/ou me tordre une cheville ou pire encore sur le petit sentier entre les ajoncs !

Je ne me tordis pas la cheville et je n'eus pas à dormir dans la lande. Le petit sentier ne fut difficile ni à retrouver ni à parcourir, mais j'étais heureuse lorsque les cheminées de la gentilhommière dessinèrent leur ombre devant moi. Il était tard, la journée avait été longue, et il fallait maintenant que je m'organise toute seule dans une maison accueillante mais inconnue. Le frigidaire de Dominique était confortablement garni. Amie attentive et à l'esprit pratique, elle avait prévu un généreux dîner d'accueil que, hélas, j'entamais seule ce soir, dans la cuisine campagnarde aux vastes proportions, où résonnait le bruit du moindre ustensile dans le silence de cette solitude. Je n'avais jamais été seule dans une aussi grande demeure et je me sentis gagnée par une sorte de conscience de soi un peu étrange. Peut-être que le petit salon d'angle où j'avais bavardé avec Dominique en arrivant serait moins intimidant ; peut-être gardait-il encore un peu de sa présence ? Il était charmant, ce petit salon, avec son parquet ciré qui lui donnait un parfum vieillot, ses quelques meubles Louis XV, élégants fauteuils ou petit secrétaire, qui portaient ici et là les marques du temps et de l'usage. Je m'y installais et observais avec soin son ameublement confortable et la discrétion de sa décoration. Tout semblait y avoir une place exacte et séculaire qui allait de soi, et pourtant tout semblait vivant et chaleureux. Je m'y sentais bien en attendant le moment du coucher. À l'étage, ma chambre, vaste et haute de plafond, donnait sur la cour d'entrée, tournée vers l'océan. Comme les autres chambres de la maison, elle ouvrait sur un très long couloir qui se terminait par la salle de bain. Cet agencement plutôt incommode me parut révélateur de l'âge de la demeure, témoignage d'une époque où la conception du confort était quelque peu différente. La nuit était belle ; je décidai de garder la haute fenêtre ouverte quitte à être réveillée par la lumière du jour naissant.

Dans le grand lit carré, je me sentais toute petite, écoutant le murmure régulier de l'océan et celui plus fantasque du vent dans les tilleuls plusieurs fois centenaires, basse continue qui mettait en valeur tous les bruits furtifs et légers d'une nuit d'été à la campagne, quand les petites créatures cachées dans la journée prennent possession du monde que notre sommeil leur laisse enfin entier. C'était doux et reposant ; le crucifix orné du buis béni des Rameaux me rappelait la chambre de ma grand-mère. Je m'endormais souriante et calme lorsqu'un sanglot improbable parvint à ma conscience. Un sanglot profond, désespéré et sourd, incongru et inquiétant qui perça mon demi-sommeil et me ramena, attentive et troublée, au monde des humains. C'était impossible. Je me levai et scrutai la cour. Il n'y avait personne. Évidemment, j'avais dû rêver. Par prudence cependant, je fermai la fenêtre et, les sens en éveil, j'épiais le moindre craquement de la maison qui, comme la plupart des demeures anciennes, n'en était pas avare. Mais bientôt, la même impression de plainte et de sanglot fut perceptible en sourdine dans l'univers clos de ma chambre.

« J'ai beaucoup trop d'imagination et les imprévus de cette journée peu ordinaire m'ont déstabilisée. Je sais que je suis seule ici. Je sais que j'ai fermé toutes les portes et toutes les fenêtres. Ce ne sont que les bruits inoffensifs d'une vieille maison qui ne m'est pas familière, voilà tout, et je vais m'endormir sans plus rien écouter. Et pour être sûre d'y parvenir facilement, pourquoi ne pas prendre un bon verre de lait ». Mais il fallait pour cela parcourir une bonne partie du long couloir et descendre jusqu'à la cuisine. Cela demandait réflexion dans ces circonstances. Pourquoi ne pas simplement rester couchée dans ce grand lit protecteur et attendre le sommeil ? La raison restait toutefois inopérante et je pensais entendre toujours ces sanglots sourds et déchirants à intervalles irréguliers, de vagues échos étouffés d'affrontements, de meubles renversés, et de portes tambourinées sans merci. Dans l'attente de ces bruits incertains, je ne parvenais pas à me rendormir, oscillant entre la peur et l'irritation face à ma pusillanimité. Après tout, j'étais un être pensant et réfléchi, une intellectuelle rationnelle, et je n'allais pas me laisser envahir par une peur primitive complètement infondée simplement parce que je croyais entendre des bruits inhabituels. Agacée, je me résolus enfin à chercher le verre de lait salvateur de mes insomnies enfantines. Que pouvait-il bien m'arriver ? Mais le couloir à peine éclairé n'était guère favorable à la sérénité. Les craquements du plancher semblaient eux aussi réveiller d'autres bruits sourds de tumulte et de lutte, bruits mats de chocs et de chutes, bruits grinçants de métaux qui s'affrontent, tous faibles certes, mais perceptibles à l'oreille de mon imagination.

Je m'efforçais de rester calme, me sermonnant sur les ravages d'une émotivité et d'une imagination débordantes, mais cet effort de volonté n'était pas facile. Ayant bu avec application le verre de lait chaud, je retournai dans la chambre qui, somme toute, était moins inquiétante que le reste de la maison habitée par la nuit. Je me réveillai au grand jour ensoleillé, dans une chambre riante et amicale. La journée s'annonçait bien et je me levai allégrement pour en prendre possession. Ce beau matin d'été breton, clair et tonique, repoussait au fond de ma mémoire les angoisses nocturnes et je résolus d'aller à la plage pour en profiter pleinement. Je traversais le village aux austères maisons de granit sombre égayées par des profusions de fleurs multicolores qui mettaient en valeur la sobriété de bon aloi et la solidité des bâtisses, pour la plupart fort anciennes, comme la fière simplicité de leurs habitants. Ils me saluaient poliment, avec une curiosité certaine, et je me doutais bien qu'ils ne tarderaient guère à savoir, s'ils ne le savaient déjà, que j'étais en visite dans la maison du docteur, que temporairement du moins je ferai partie de la vie du village ; que je n'étais pas une touriste ordinaire.

La plage de sable fin était longue et plate, ponctuée ici et là d'herbes maigres et folles puis d'algues qui séchaient au soleil à mesure qu'on se rapprochait de l'eau ; je lui préférai une petite crique adjacente à demi encerclée par des rochers inégaux, fruste muraille où des flaques laissées par la marée hébergeaient discrètement toute une population de coquillages et de crevettes dans de petites algues découpées comme des mousses. Elles aussi faisaient remonter par bouffées des souvenirs heureux de vacances et de camaraderie enfantine. La crique avait en outre le mérite d'être totalement inoccupée et de me donner ainsi un sentiment encore plus fort de liberté et d'aventure. Je m'y allongeai dans le sable chaud qui collait à ma peau lorsque je le faisais couler entre mes doigts, comme autrefois, ne laissant que quelques grains brillants qui collaient sans vouloir se détacher lorsque je me frottais les mains dont ils rendaient, paradoxalement, la paume encore plus douce. Les yeux fermés, j'écoutais le ressac égrener le temps à un rythme plus lent que celui d'une vieille horloge, et laisser s'installer un présent absolu que je savourais paisiblement. Le temps aboli, la caresse du vent, le corps étendu sur le sable chaud, je me sentais vivante et épanouie, ne faire qu'un avec les forces de cette nature que j'absorbais dans la lumière du soleil. La magie de ces instants fut brisée par mon propre désir de courir vers l'eau, d'entrer dans les vagues et faire partie du bruit du ressac qui rythmait la vie comme le souffle du monde. La fraîcheur de l'océan me fit tressaillir, la sensation des courants sur mes jambes comme une nouvelle caresse, m'entraînait vers plus d'eau et de contact. Je me mis à nager en longues et lentes brasses, détendue et souple, consciente de toute l'harmonie de mon corps. Le bonheur…

… Lorsque je regagnai ma petite crique et regardai ma montre, je compris que l'éternité du moment n'avait qu'un temps et que les heures du monde des hommes n'avaient pas cessé de passer. J'avais aussi grand-faim, et le retour dans la vaste cuisine campagnarde était une perspective bienvenue.

Quand je repris le petit sentier à l'arrière du jardin et décidai d'aller à la recherche de la mystérieuse stèle aperçue hier, cette fois en plein jour, l'après-midi était bien entamé. Je la retrouvai sans peine en suivant le chemin des douaniers. Elle n'était pas très ancienne. De proportions agréables, elle était taillée en forme de menhir, avec des éclats marqués là où le burin l'avait choisi. D'aspect rugueux mais élégant, elle se dressait à quelques pas du chemin, le texte gravé face à la mer. Bref mais précis, il disait en capitales : « À L'AUBE DU 27 JUIN 1795, DEUX RÉGIMENTS ÉMIGRÉS DE L'ARMÉE CATHOLIQUE ET ROYALE ONT FOULÉ LE SABLE DE CETTE PLAGE. » Oui, bien sûr ! J'avais oublié ! Nous ne sommes pas loin de Quiberon ici. Cependant, je devais m'avouer que l'école de la République avait été plus que discrète sur cet épisode de notre histoire et que je ne savais pas grand-chose ni sur les guerres de Vendée et de Bretagne ni sur les émigrés. Il n'est pas si fréquent de commémorer les vaincus ! Cette stèle montrait pourtant bien que ces événements vieux de deux siècles avaient laissé un impact certain sur les mentalités locales comme sur les lieux qui en avaient été les témoins. Ma curiosité satisfaite, je repris ma promenade sans plus penser au sobre monument à la mémoire des vaincus d'une lutte fratricide et particulièrement cruelle qui pour moi ne représentait plus grand-chose.

Trois jours se passèrent ainsi, où je me laissai pénétrer par la beauté du paysage, les odeurs iodées, la douceur ou la force de la brise, la chaude lumière du soleil sur mon visage ou mes épaules, tantôt marchant le long des plages, tantôt parcourant la lande, explorant à l'envi ces étendues où j'étais presque toujours seule, ne rentrant qu'à la tombée du jour dans cette maison à la fois hospitalière et inquiétante. Car les bruits mystérieux de ses nuits étaient toujours perceptibles à mes sens en alerte dès que je me retrouvais dans ma chambre. Mais comme rien de plus étrange ne se produisait, je m'y étais presque habituée lorsque Catherine revint enfin. Elle voulait se faire pardonner son abandon provisoire et entreprit de me distraire par tous les moyens que lui suggérait son imagination, m'entraînant avec elle dans ses tournées vers les fermes isolées de l'intérieur, ou dans les petits restaurants qu'elle avait repérés le long de la côte. Nous étions gaies et contentes d'être ensemble, d'échanger nos expériences depuis notre dernière rencontre qui remontait à ces quelques mois d'une année universitaire que nous n'avions pas partagée.

***

Quand nous arrivâmes enfin chez Charles, on entendait les vagues se briser sur les rochers et le vent du large souffler jusqu'aux tilleuls qui bordaient le jardin. Notre marche avait été longue et pénible, ralentie par les blessures de mon compagnon. Il avait perdu son sang en abondance malgré ses pansements de fortune, et ma jambe brisée par une balle qui me faisait horriblement souffrir dans l'effort m'empêchait de le soutenir aussi efficacement qu'il eût été nécessaire. Nous avions traversé la lande déserte, terrain autrefois de nos jeux d'enfants, par petites étapes entrecoupées de pauses haletantes, en nous cachant au mieux, et ce fut avec un soupir de soulagement que nous vîmes la silhouette trapue et les hautes cheminées de sa demeure se dresser devant nous. Nous allions enfin pouvoir être soignés dans ce lieu accueillant où mon ami et frère d'armes retrouverait sa famille et moi ma chère Camille dont la pensée avait soutenu mon courage au long de ces mois impitoyables qui avaient vu notre misère londonienne et nos espoirs plusieurs fois déçus de retrouver enfin la terre de France, la traversée sur les vaisseaux anglais parmi des étrangers souvent méprisants et insensibles à nos inquiétudes et à nos interrogations devant ce baptême du feu imminent où notre honneur de Bretons et de Français allait être engagé sur la terre même de notre naissance, où le sort de nos familles et celui du royaume allaient se jouer.

Il devait être midi passé au soleil et tout paraissait calme dans le domaine. Toutefois, ignorants du sort des armes, nous entrâmes discrètement dans la cour pour n'alerter personne. Le seuil franchi, nous nous dirigeâmes vers le petit boudoir d'angle où Mme de Priautais s'installait tous les jours après le repas en compagnie de sa sœur et de ma chère Camille. Nous ouvrîmes doucement la porte, mais au petit grincement familier qu'elle fit, Mme de Priautais leva les yeux de son ouvrage. Nous devions faire piètre figure, car à notre vue elle réprima un cri, se dressa, et son visage prit une pâleur mortelle. Elle se ressaisit aussitôt devant l'effroi perceptible de Mlle de La Saudrais et de Camille. Nous installâmes Charles dans la petite bergère où il se laissa tomber avec un soupir de douleur et de soulagement. Tandis que Mlle de La Saudrais et Camille s'affairaient autour de lui, Mme de Priautais appela Maria, la vieille nourrice de mes deux amis, servante de confiance en ces temps de trouble et d'incertitude. Sans un mot, on nous aida à monter jusqu'à l'étage où Charles retrouva la chambre qu'il avait quittée quelques années auparavant pour rejoindre, comme moi, les pages de monseigneur le comte d'Artois. On me conduisit à la chambre voisine. Bientôt, ces trois femmes admirables prirent soin de nos blessures, Mme de Priautais au chevet de son fils terriblement pâle et affaibli mais stoïque et silencieux face à la douleur de ses multiples blessures, Mlle de La Saudrais et Camille auprès de moi, tandis que Maria s'activait dans la maison pour quérir discrètement le nécessaire à ces soins, le tout sans un mot pour n'éveiller l'attention d'aucune autre domestique. Lorsque nous fûmes lavés, pansés et rafraîchis, Mme de Priautais rejoignit ma chambre pour s'enquérir de la situation, car il était clair que Charles était trop faible pour parler et ne demandait qu'à s'assoupir.

Après s'être excusée de ne pouvoir nous offrir que l'attention et les soins des femmes de la famille qu'elle savait bien limités confrontés aux blessures de son fils et à ma cuisse brisée qui, heureusement avait cessé de saigner assez rapidement mais me faisait atrocement souffrir après l'effort de notre marche forcée dans la lande, elle expliqua que l'abbé Brunet, d'habitude officiant aussi comme « médecin », était parti il y avait quelque temps déjà avec M. de Priautais et ses hommes rejoindre l'armée de Cadoudal avant notre débarquement. M. de Priautais, comme mon père, était officier de la Royale. Tous deux s'étaient trouvés en mer lorsque les Bleus avaient pris le pouvoir à Paris, et à leur retour, quelques mois plus tard, avaient rejoint leurs domaines d'où ils avaient appris avec effroi et incompréhension la folie dévastatrice qui avait envahi le pays, la mort du Roi, et les atteintes meurtrières à la foi catholique et à ses défenseurs. Vieux amis, tous deux s'étaient alors concertés et lorsque leurs paysans étaient venus les chercher, ils n'avaient guère hésité à les mener pour rejoindre l'armée catholique et royale qui se formait en Bretagne.

À mon tour, je lui contais notre fuite hors du royaume avec la maison de monseigneur d'Artois, notre misère grandissante à travers l'Europe de Turin à Coblence puis à Londres, où notre condition de pages et d'obscurs gentilshommes bretons n'avait guère rencontré d'assistance ni de considération malgré notre jeunesse. Je lui dis aussi notre espoir lorsque la rumeur nous était parvenue qu'un débarquement était prévu pour arracher notre cher pays aux mains sanguinaires des Bleus dont les cruautés et les turpitudes étaient elles aussi parvenues jusqu'à nous. Je lui relatai comment cet espoir fut à maintes reprises déçu, jusqu'au jour où nous apprîmes enfin que les Anglais avaient donné leur accord et que nous allions débarquer, chez nous, en Bretagne, comment enfin Charles et moi, forts de nos attaches familiales, avions obtenu l'autorisation de monseigneur de nous mettre aux

22

ordres de M. de Talhoët, colonel du régiment du Léon, dont les officiers et les hommes étaient tous bretons et souvent membres de la Royale. Nous étions désormais des soldats, impatients de nous battre pour notre Dieu et notre Roi, de prouver que nous étions dignes de notre sang et de notre terre. La traversée se fit sans incident jusqu'au large de Groix où nous eûmes notre baptême du feu lorsque les vaisseaux des Bleus engagèrent le combat avec notre flotte. Ce fut à nos yeux une petite affaire puisqu'il ne s'agissait que de canonnades, certes spectaculaires, mais dont nous n'étions en fait que les spectateurs, d'autant plus que la victoire de la marine anglaise fut des plus rapides et des plus nettes. Les Bleus battus à plate couture, nous poursuivîmes notre route au sud, et quelques jours plus tard, Charles émerveillé me fit savoir qu'il reconnaissait la côte sauvage qui allait jusqu'à la baie de Quiberon. Son émerveillement s'accrut encore lorsqu'il comprit que nous allions débarquer près de Carnac, à quelques lieues de chez lui. Nous étions impatients de débarquer ; il fallut cependant attendre deux jours et la première victoire des troupes de l'intérieur pour que l'on nous y autorisât. Nous avions l'impression de perdre un temps précieux et nous brûlions de nous battre tandis que nos généraux débattaient.

Enfin, notre premier engagement contre une petite troupe de Bleus eut lieu près d'Auray. Charles et moi nous étions jurés de combattre côte à côte comme les guerriers de Sparte, et dans les jours qui suivirent, les escarmouches se succédèrent, se concluant toujours en notre faveur. Nous étions heureux, fiers d'accomplir notre mission et sûrs de notre victoire ultime. Mais l'arrivée de leur général, Hoche, changea la donne en ravivant leur courage. Une nouvelle bataille près d'Auray, d'une ampleur bien plus grande que ce que nous avions vu jusqu'alors s'engagea ; les nôtres perdirent bientôt du terrain, Charles et moi nous trouvâmes séparés dans la mêlée. Je reçus un méchant coup de pistolet d'un officier Bleu qui me brisa la cuisse juste au-dessus du genou. Je m'effondrai de douleur, fauché par la violence de l'impact. Lorsque je revins à moi, on n'entendait plus que les gémissements des blessés. Les nôtres n'étaient plus là, de vagues silhouettes en uniforme sombre étaient visibles à distance. Je me traînai comme je pus à la recherche de Charles. Il n'était pas bien loin, adossé à un muret, perdant son sang et blessé de partout, son épée encore à la main. Il me reconnut et sourit faiblement. Abandonnés au milieu des morts et des agonisants, surpris d'être encore en vie, de ne pas avoir été achevés par les vainqueurs, nous entreprîmes de fuir ce champ de carnage et de mort, désormais sans espoir pour nous. Charles nous savait assez près de chez lui, une lieue peut-être, pour espérer y parvenir et être secourus. Il connaissait bien la lande et c'est ainsi que, grâce à ses directions, je parvins à le soutenir suffisamment pour que nous arrivassions, après plusieurs longues heures d'une marche par petites étapes haletantes et douloureuses, jusqu'à La Priautée.

« Mes pauvres enfants, comme vous aussi vous avez souffert. Maintenant, nous allons nous occuper de vous, mais les temps sont durs et les Bleus ne sont pas loin. Ils sont sans pitié ni honneur, et il va nous falloir être tous prudents. Votre présence ici, si elle était connue, serait un danger pour tous. Je crois sincèrement que personne n'a vu votre retour. Dès cette nuit, nous vous installerons dans une cachette sûre où nous pourrons vous soigner dans les semaines qui viennent, car Charles est fort mal en point et votre jambe, mon cher Louis, va prendre longtemps à se réparer. »

À mon tour, je me laissai aller à mon épuisement en attendant la nuit. Lorsque tout fut calme dans la maison et dans les

24

dépendances, les quatre femmes nous conduisirent discrètement dans une cache aménagée en entresol. On y accédait par une porte dissimulée dans les boiseries du petit boudoir où se tenait habituellement Mme de Priautais une partie importante de la journée. L'ouverture se faisait en introduisant une petite pièce de bois dans une sculpture du lambris, celle-ci était innocemment posée dans un petit tiroir du secrétaire, lui-même fermant à clef.

La cache était une pièce assez basse, voûtée, sans fenêtre ni porte autre que celle qui donnait sur le boudoir, meublée de deux petits lits de fer d'une table et de deux chaises. Nous nous y installâmes, épuisés par les efforts qu'il nous avait été nécessaire pour descendre l'escalier depuis nos chambres. Mme de Priautais nous fit savoir qu'il nous serait impossible de sortir seuls de cette retraite puisque la porte secrète ne s'ouvrait que depuis les boiseries mais que, de toute manière, vu notre état et le danger d'être vus, une telle sortie serait pour le moment inconcevable. L'épaisseur des murs était telle que personne ne pouvait nous entendre ; Camille, Mlle de La Saudrais ou elle-même viendrait nous y rejoindre chaque soir pour panser nos blessures et nous apporter les provisions d'eau et de nourriture de la journée. De longues heures, puis plusieurs longs jours passèrent ensuite à la faible lueur de chandelles qui nous servaient aussi à mesurer le temps. L'état de Charles empirait malgré les soins de sa mère et de sa sœur. La fièvre le prit. Entre leurs visites, je m'occupais à prendre soin de mon pauvre ami du mieux que je pouvais, lui baignant le front pour le soulager, le faisant boire l'eau fraîche de la cruche, lui tenant la main lorsque ses souffrances augmentaient ; mais rien n'y fit. Il se mit à délirer. Morte d'inquiétude, Camille me dit un soir que les nouvelles étaient très mauvaises. Les Bleus occupaient le village et ne tarderaient guère à venir aussi à La Priautée se saisir des chevaux et des récoltes qu'on venait d'engranger. Elle pleurait de son impuissance, bouleversée par le sort de son frère qui déclinait ainsi, prisonnier dans son propre domaine, sans l'assistance d'un médecin ni les secours d'un prêtre. Je tentais de la consoler mais je savais, comme elle, le sort de Charles désespéré. Les heures passèrent, Charles s'affaiblissait encore et je disais à voix haute pour lui les prières des agonisants apprises avec l'abbé Brunet dans des temps moins troublés. Il sembla se ressaisir un instant et me dit d'une voix inquiète et malheureuse : « Louis, dis-moi, où avons-nous failli ? Nous avons pourtant lutté avec honneur, n'est-ce pas, de toutes nos forces, pour notre Dieu et notre Roi ? Je ne puis pas croire que nous avons été abandonnés. Je ne puis pas croire que les barbares sans Dieu ni loi vont l'emporter sur les défenseurs de la foi et de la justice. Toi qui vas survivre, tu te battras pour moi aussi, comme j'aurais voulu le faire. Je remets mon âme à Dieu et j'espère que dans Sa miséricorde Il pardonnera mes moments de doute et de faiblesse. Prends soin de Camille, je sais ce que vous représentez l'un pour l'autre, et elle n'aura plus que toi. Vive Dieu, vive le Roi ! »

Ce furent ses derniers mots, et je me retrouvai seul, atterré, dans cette cache qui était aussi notre prison. Avec un long sanglot de douleur, je me mis à frapper le mur où se trouvait la porte pour appeler à l'aide. En vain. J'étais impatient de revoir Camille pour que nous puissions décider que faire du malheureux Charles. Les heures passèrent et personne ne vint. Après un long temps, des bruits sourds de tumulte et de lutte, des cris de femmes déchirants, étouffés par l'épaisseur des murs, furent audibles. Impuissant, je pressentis que c'était l'attaque des Bleus. Ils avaient envahi La Priautée, et Camille, sa mère, sa tante, toute la maisonnée étaient à leur merci sans que je pusse rien faire. Je redoublai mes coups acharnés sur le mur, sanglotant de rage et de douleur, pensant au sort des habitants de cette demeure, au sort de Camille que je ne reverrai plus… Ces bruits et cette fureur durèrent une éternité. Puis je n'entendis plus rien. J'appelai de toutes mes forces dans un silence sépulcral.

… Les heures passent. Bientôt, il n'y aura plus ici ni nourriture, ni eau, ni lumière. Plus de soin ni de secours. Plus personne ne viendra. Ni Charles ni moi ne reverrons le jour. Il n'y aura pas d'enfants, ceux de Camille, les miens, pour rire dans la cour ou, fatigués de courir dans la lande, s'assoupir le soir dans les grandes chambres d'où l'on entend les vagues se briser sur les rochers et le vent souffler dans les tilleuls. Cette cache, notre sécurité et notre prison, sera désormais notre tombeau. Est-ce la fin de notre monde ?

***

Le soir, dans la grande maison, lorsque toute l'activité de la journée s'était apaisée, Dominique et moi nous nous retrouvions dans le petit salon que nous aimions bien toutes deux. Bientôt, nous allions quitter cette demeure au charme désuet, sans perspective d'y revenir jamais, pour une vie nouvelle. Nous jouissions du calme de ces soirées d'été tout d'abord dans un silence complice de paix et de bien-être rythmé par la basse sourde de l'océan qui peu à peu envahissait l'atmosphère de la pièce et notre esprit. Mais les charmants fauteuils que nous privilégions étaient propices aux longues conversations nocturnes, et celles-ci avaient toujours occupé une place importante dans notre amitié. Le passé, le présent et l'avenir y figuraient en ordre dispersé, nos souvenirs et nos projets s'y entremêlaient volontiers en toute intimité. C'est ainsi qu'après m'avoir expliqué son bref séjour parisien, plus par amitié que par politesse Dominique me demanda ce que j'avais fait en son absence, si la solitude tranquille de cette vaste maison inconnue ne m'avait pas trop pesé. Je la rassurai et lui racontai mes expéditions, hésitant toutefois à lui faire part de mes troublantes expériences nocturnes pour ne pas la voir en rire et se moquer de ma fantasque et fertile imagination de littéraire, comme elle avait eu coutume de le faire lorsqu'étudiantes nous partagions le même appartement. Une scientifique comme elle, bien ancrée dans la réalité, m'avait souvent rappelée à celle des faits.

Finalement, un soir que nous discutions dans le petit salon, un peu honteuse, je me hasardai à lui raconter timidement et avec force litotes les inquiétudes de ma première nuit. À ma grande surprise, elle n'éclata pas de rire. Au contraire. Après un bref regard d'incrédulité, elle prit un air pensif avant de me dire d'une voix calme : « Ah ! Toi aussi tu as remarqué quelque chose d'étrange. Moi, je n'ai rien entendu, mais tu sais comme je m'endors vite, d'autant plus qu'ici après mes consultations ou lorsque je rentre de mes tournées, il ne me reste plus guère d'énergie. Peu après mon arrivée, il s'est passé quelque chose d'inexplicable, ici même, dans cette pièce. Je n'ai toujours pas compris comment cela avait été possible, car personne d'autre que toi n'est venu ici depuis que j'y suis. Évidemment, je prends grand soin de la maison et je remets tout à sa place. Je ne suis pas chez moi après tout, et je ne tiens guère à affronter les foudres du docteur à son retour. Tous les soirs, comme tu l'as vu, je range mon ordonnancier dans ce petit secrétaire. Et un matin, en entrant j'ai vu que la tablette en était ouverte. J'étais pourtant sûre de l'avoir fermée la veille comme d'habitude ; la clef était tombée. Rien d'autre n'avait bougé, mais, bien sûr, cela m'a laissée perplexe. Ce ne pouvait pas être l'effet d'un courant d'air, n'est-ce pas. Même scénario le lendemain, puis le jour suivant. Je commençais à me demander si je perdais la tête ! Le quatrième soir, en refermant le secrétaire, pour en avoir le cœur net, j'ai laissé un petit mot sur la cheminée : "Secrétaire fermé". Le lendemain matin, le secrétaire était à nouveau ouvert, le mot par terre ! Or, je n'ai jamais remarqué le moindre courant d'air dans cette pièce. Inutile de te dire mon inquiétude à l'idée qu'un intrus s'introduisait de nuit dans cette maison et se jouait ainsi de moi. Mais rien n'a jamais disparu, pas même une seule ordonnance. Je n'y ai rien compris, car, après cette expérience pour le moins bizarre, plus rien. Cela ne s'est plus reproduit. Alors, avec ce que tu viens de me dire, je vais finir par croire que la maison est hantée ! » Et elle partit d'un grand éclat de rire.

Le voisin

Nous nous étions croisés le jour même de mon emménagement. Alors que les déménageurs encombraient l'escalier, il avait réussi à se frayer un chemin et lorsqu'il m'avait vue il avait esquissé un sourire timide avant de s'engouffrer dans la porte juste en face de celle qui était en train de devenir la mienne. Les hasards d'un stage m'avaient amenée pour quelques mois dans cette banlieue maussade où j'avais eu la chance de trouver un petit appartement dans un immeuble banal mais propre et dépourvu de graffiti. Le béton des murs et de l'escalier décuplait la vibration des sons et donnait une impression de vide et de froideur à cet édifice pourtant peuplé de multiples familles. Mais cette apparente vacuité, pour dénuée de vie qu'elle fût, ne me préoccupait pas vraiment, car je savais que je ne la partagerais avec elles que pour une durée provisoire, presque éphémère, et que les amis ne manqueraient pas qui bientôt me rendraient visite et animeraient le petit appartement rendu vivant, chaleureux et gai par mes objets et mes livres préférés, souvenirs heureux accumulés au gré de mes voyages, ou témoins de ma vie intérieure et de mes recherches.

Pendant les premiers jours, je ne croisai personne dans l'escalier et seuls les échos amortis des bruits et des paroles me permettaient de penser que je n'habitais pas un immeuble déserté de ses occupants habituels. Un soir enfin, je revis mon voisin qui sortait. Les yeux baissés, il me salua, par un nouveau sourire timide et un monosyllabe que j'interprétais comme une réponse à mon « bonjour » plutôt joyeux. J'ouvrais ma porte lorsque je perçus, de l'autre côté de la sienne un faible bruit de pas traînants. Ah ! Il ne vivait donc pas seul, ce voisin discret que ma présence semblait intimider. Je n'étais guère habituée à ce genre de réaction à ma vue et je ne savais qu'en penser.

Au fil des jours, je ne regagnais le petit immeuble propre mais maussade que dans la soirée, et la plupart du temps je ne croisais personne, pas plus dans le hall d'entrée où s'accumulaient pourtant bicyclettes et poussettes d'enfant ni dans l'escalier sonore et froid. Les bruits étouffés, toujours les mêmes, réverbéraient en chuintements assourdis par l'épaisseur du béton et me donnaient l'impression de vivre dans un monde en marge de cette réalité sonore qui exprimait la vie des autres dans laquelle je n'avais aucune place. Toutefois, comme autant d'invitations à la vie et au voyage, les odeurs de cuisine qui se répandaient dans la cage d'escalier et passaient parfois sous les portes évoquaient d'autres mondes, plus vibrants et colorés, des épices venues d'ailleurs porteuses de mystère et d'inconnu. Point ici d'effluves de choux ou de poireaux, mais cannelle, cumin, coriandre, muscade, girofle, cardamome, « tous les parfums de l'Arabie » flottaient alors dans l'air de ce petit immeuble terne au cœur d'une morne banlieue parisienne. Ces instants d'exotisme culinaires n'étaient pas sans apporter une touche plus joyeuse à la morosité de ma vie solitaire, dépourvue de tout souci gastronomique, dans ces lieux étrangers ; et, prenant ainsi conscience de la réalité vivante qui m'entourait, ma curiosité se trouvait piquée. Amusée, je pariais sur l'identité et la provenance géographique de mes voisins.

La rue dans laquelle j'habitais n'était pas une de ces voies sans âme où s'alignent d'austères barres géométriques d'immeubles anonymes. Elle présentait au regard un curieux mélange de petits pavillons anciens en pierre meulière dans de minuscules jardinets et des immeubles bas de construction récente avec d'étroits balcons métalliques où le linge qui y séchait parfois pendait sans joie à de curieux grillages. Plutôt animée grâce aux diverses boutiques et la circulation qu'elles engendraient, ma rue, évocatrice d'un passé banlieusard plus heureux, n'était pas déplaisante, et en de brefs instants pouvait vaguement suggérer une vie de village maintenant dépassée. La plupart du temps cependant j'avais pourtant l'impression que les gens de tous âges que j'y croisais restaient enfermés dans leurs préoccupations quotidiennes sans souci d'échanger ne serait-ce qu'un regard.

Le petit coiffeur à quelques immeubles du mien reçut bientôt ma visite. J'y découvris mon voisin, qui répondit à mon salut par un murmure embarrassé contrastant singulièrement avec les salutations joyeuses des jeunes femmes qui s'activaient dans la boutique. Il me sourit pourtant avant de reprendre une conversation banale avec la jeune coiffeuse qui venait de lui raser les cheveux. Il paya et sortit. Mon tour vint et, comme il est malheureusement coutume dans ce genre d'établissement, la jeune femme se sentit obligée d'engager la conversation. La nouvelle cliente que j'étais, assez visiblement étrangère au quartier, avait éveillé sa curiosité.

« Vous êtes nouvelle par ici ? Vous savez, ici tout monde se connaît. D'ailleurs, vous connaissez déjà Abdel. Il habite juste à côté depuis des années et nous le voyons souvent. C'est quelqu'un de très gentil. Comme son frère d'ailleurs. Ils travaillent tous les deux à la mairie. Si vous avez besoin de quelque chose, je suis sûre qu'ils pourront vous aider. Je vous fais quoi aujourd'hui ? Une coupe avec brushing ? »

Je n'étais pas sûre de vouloir prendre le risque d'une coupe chez une coiffeuse que je voyais pour la première fois, et dans ce quartier. J'optai donc pour un simple brushing, remettant à « la prochaine fois », l'expérience de la coupe. Et pour éviter une nouvelle rafale de questions, je me plongeai avec concentration dans la lecture d'un magazine plutôt écorné par quelques semaines de lectures cursives dans des mains plus ou moins impatientes. La jeune femme dut comprendre le message, car elle cessa de s'adresser à moi et se mit à chantonner en imposant à mes cheveux indociles un ordre nouveau. Le résultat me plut. Je me sentirai bien ce soir, pour ma pendaison de crémaillère. Après tout, je tenterai peut-être la coupe « la prochaine fois ».

Comme je payai par chèque, elle constata à voix haute que j'habitais dans le même immeuble qu'Abdel. Cela parut donner une certaine légitimité à ma présence ici et me conférer un statut d'appartenance. J'étais, en dépit peut-être des apparences, une vraie voisine. Son sourire se fit encore plus chaleureux et je sortis, accompagnée d'un « au revoir » sonore et enjoué.

Quelques maisons anciennes plus loin se trouvait une petite épicerie où je me proposais de faire les derniers achats pour ma pendaison de crémaillère prévue le soir même. J'avais en effet réussi à persuader quelques amis et collègues de stage à venir me retrouver ici, en bout de ligne de métro, pour apporter un peu de vie et de chaleur humaine à l'atmosphère de mon nouveau logis. Ce ne serait qu'une petite affaire, mais cela demandait quand même quelques préparatifs pour atteindre ce but et me permettre à l'avenir d'associer le studio à des souvenirs plaisants et amicaux plus que laborieux et solitaires. Ayant choisi avec soin mes fruits à l'étalage, je pénétrai dans la boutique où je vis

Abdel, puisqu'Abdel il y avait, en conversation animée avec le jeune arabe qui tenait la boutique. À mon entrée, ils se turent et je me sentis gênée par ce silence soudain. Nous nous sourîmes pourtant tous les trois, visiblement un peu embarrassés. Ce fut Abdel qui rompit le silence et pour la première fois j'entendis vraiment sa voix, qu'il avait claire et énergique, au-delà des murmures plus ou moins confus de nos échanges dans l'escalier. « C'est ma nouvelle voisine, Karim ; sers-la bien ! Bon, je te quitte. On en reparlera. À demain ! » Karim me servit bien, avec une certaine jovialité qui, ajoutée à celle de la jeune coiffeuse, me fit chaud au cœur et m'apprivoisa un peu dans ce quartier pourtant bien différent de ceux que j'avais jusqu'alors fréquentés. Il savait choisir ses fruits et ses légumes. Son étal, toujours frais et bien fourni, les présentait avec goût et dans une harmonie de couleurs vives et appétissantes qui donnaient joie à la devanture plutôt défraîchie de sa petite boutique. Les bras chargés de sacs de papier kraft, je repris le chemin de la maison, me réjouissant à la perspective de mes préparatifs et de la soirée amicale qui les sollicitait. Abdel était dans le hall de l'immeuble, refermant sa boîte à lettres, il me proposa son aide pour monter les pochons de fruits qui encombraient mes bras et engagea la conversation pendant que nous montions les quatre étages. Je lui annonçai ma pendaison de crémaillère en demandant par avance son indulgence pour le bruit que nous allions probablement faire, tout en l'assurant que cela ne durerait pas très avant dans la soirée. Il sourit, et lorsque nous ouvrîmes nos portes qui se faisaient face il me souhaita tout le succès possible pour ma petite fête.

Ses vœux s'exauçaient et en effet la petite fête amicale battait son plein. Mes amis, anciens et nouveaux, s'entendaient à merveille. Les conversations étaient animées et joyeuses, la musique aux rythmes exotiques contribuait à cette atmosphère de gaieté et d'insouciance où les propos s'échangent dans le rire et les plaisanteries et où le temps s'envole sans qu'on y prenne garde. L'heure du dernier métro était passée depuis un temps indéterminé lorsque la sonnette de l'entrée parvint à percer à travers les rythmes de salsa. J'allais ouvrir, accompagnée d'un ami, pour me trouver nez à nez avec le visage renfrogné d'Abdel. J'allais lui demander de nous excuser et l'assurer que nous allions « faire attention » quand mon ami eut la malheureuse idée de prendre la situation avec désinvolture. Pendant quelques secondes, le visage d'Abdel se tordit de colère, la fureur, la haine peut-être même, se lut dans son regard noir et je crus un instant que les deux hommes allaient en venir aux mains. Puis, subitement, Abdel reprit son calme et tourna les talons, non sans rage visible mais contenue.

L'incident avait brisé l'enchantement de la soirée. Ayant repris conscience de l'écoulement des heures, mes amis repartirent, les nantis de voitures se proposant pour raccompagner les naufragés du métro. Après ces moments de joie, d'amitié et d'insouciance, plus dure pour moi était la chute. Seule, désemparée, dans un environnement étranger et maintenant hostile, je me sentais comme Cendrillon après le bal. La conscience que j'avais maintenant du caractère éphémère et factice de ma fête me navrait par ce qu'elle soulignait de ma difficulté à accepter la situation, dans tous les sens du terme, que mon stage avait engendrée. Malgré mes efforts de volonté, je ne parvenais pas à m'adapter à la vie de banlieue, à la laideur et la morosité environnantes, à l'isolement humain qui la caractérisait pour moi, à tout cet « étranger » qui m'entourait et qui exposait, à mes propres yeux, ma vulnérabilité. Avec la lucidité qui naît de l'aube, je prenais conscience du prix affectif que je payais pour faire ce stage et surtout de mon impatience, que je m'étais jusqu'alors dissimulée, de le voir prendre fin. J'avais encore devant moi, des semaines, des mois, d'inconfort et même mon gentil voisin s'était transformé en une présence étrangère, voire hostile. Le cœur navré, j'attendis que le sommeil me gagne enfin.

Les jours qui suivirent furent d'une banalité désolante. Je ne croisais personne lors de mes départs matinaux ou de mes retours tardifs. L'encombrement du hall ou les odeurs de cuisine qui jusqu'alors m'avaient paru signes d'une vie et d'une activité étrangères certes, mais plutôt rassurantes, devinrent ceux d'une morne petitesse accablante. Décidément, la banlieue ne me réussissait pas. Un soir enfin, tandis que j'ouvrais ma porte j'entendis la résonnance des pas dans l'escalier. C'était mon voisin. Il était suivi d'une forme mal définie en bourka indigo qui portait deux lourds cabas chargés de légumes et de fruits. Le contraste entre Abdel, en t-shirt bariolé qui lui moulait la poitrine, jeans serrés et Jordan à la mode, les mains vides, et la silhouette informe, en babouches traînantes, venue d'un autre monde, qui peinait derrière lui était saisissant, d'autant plus que dans l'instant revint à ma mémoire le souvenir du jeune homme qui s'était galamment proposé pour porter mes propres achats le jour de la petite fête qui s'était si malencontreusement terminée. J'hésitai un autre instant avant de le saluer, révoltée par la scène et embarrassée par le souvenir de l'incident. Lui ne parut gêné ni par l'une ni par l'autre. Il me salua du même sourire timide que lors de nos rencontres précédentes avant de pénétrer dans son appartement toujours suivi de la forme bleue. J'aurais voulu lui parler mais je m'en sentis incapable et ne pus grommeler qu'un vague « bonjour » avant de m'engouffrer chez moi.

Le souvenir de cette scène paradoxale résonna en moi toute la soirée. Je pensais à cette femme cloîtrée chez elle dont jusqu'ici je n'avais fait qu'entendre le bruit des pas et dont, après des mois de vie au même étage, je n'avais pu entrevoir un bref instant que les yeux, jeunes et curieux. Elle ne sortait donc qu'avec lui et encore seulement pour faire les courses et les porter elle-même de ses mains gantées tandis que son compagnon allait et venait gaiement dans le quartier, plaisantait avec ses amis en toute liberté ? Et ce jeune Abdel, aimable avec les autres, serviable et souriant, « moderne » dans son allure et son comportement faisait respecter à sa compagne dans le monde clos de l'appartement, et visiblement dans les rares moments où elle y échappait, des règles d'un autre âge et d'un autre pays, d'une tradition qui n'était pas même véritablement la sienne. J'étais abasourdie. Je savais, bien sûr, que bon nombre de femmes connaissent encore l'oppression masculine même dans notre pays, mais j'avais grand mal à imaginer quelqu'un comme Abdel, l'Abdel que je croisais chez moi, qui s'était montré aimable et galant envers moi comme envers la jeune coiffeuse, qui s'habillait et vivait par ailleurs comme n'importe quel jeune homme de la région parisienne, encore ancré dans ces comportements vexatoires insensés, dans une vision de la dignité humaine qui renie une moitié de l'humanité. Comment alors interpréter son attitude envers des femmes comme la jeune coiffeuse ou moi, s'il traite sa propre épouse avec tant d'indignité ? Mon féminisme toujours en éveil trouvait dans cette brève rencontre maintes causes à ruminations et s'emballait comme un cheval qui s'affole de son propre affolement. Lorsque je retrouvai mon calme, je m'aperçus qu'une profonde tristesse avait fait place à la révolte, tristesse devant ce gâchis d'une, voire de deux vies, car, après tout, Abdel et sa femme auraient pu vivre une relation plus égalitaire et plus épanouissante. J'étais triste, bien sûr, pour la jeune femme inconnue, d'une tristesse, d'une compassion théoriques, de solidarité féminine – non, humaine tout simplement – mais triste aussi pour Abdel, que je trouvais sympathique et qui s'enfermait lui-même dans une conception du monde schizophrénique, étriquée et débilitante. Et derrière toutes ces portes, dans tous ces immeubles qui m'entouraient, combien y avait-il d'Abdel et de formes en bourka noires ou indigo ?

Je ne revis qu'une fois la jeune femme, ou plutôt je ne fis qu'entendre ses cris dans des circonstances beaucoup plus dramatiques. Mon stage avançait ; après les périodes d'interrogations et de découragements du début, je m'étais adaptée à la situation et installée dans une routine somme toute assez paisible. Je croisais Abdel de temps en temps, achetais légumes et fruits chez Karim qui avait toujours un mot aimable à mon égard et me servait bien, j'allais chez la coiffeuse qui m'avait bien coupé les cheveux, j'avais aussi découvert d'autres boutiques sympathiques dans les rues avoisinantes et menais une vie calme et routinière, isolée dans cette banlieue en bout de ligne de métro où mes amis s'aventuraient rarement, tout en attendant un nouveau déménagement dans un avenir pas trop lointain.

Ce jour-là, le stage s'était fini exceptionnellement tôt et j'étais rentrée à mi-journée, heureuse de pouvoir préparer la voiture que m'avait prêtée ma sœur pour partir quelques jours hors de Paris et sa banlieue, retrouver des amis en province. Quelle déception et quelle colère aussi de la trouver avec un pneu crevé, visiblement d'un coup de couteau, bien garée pourtant juste en face de la porte de l'immeuble. La malveillance qui se traduisait dans cet acte me révoltait et, rendue forte par cette rage intérieure, je me mis à déboulonner la roue.

Malheureusement, la force de mes bras ne correspondait pas à celle de ma colère, et je m'escrimais sans grand succès quand Abdel sortit de l'immeuble me proposant immédiatement son aide. Il se montra bien sûr beaucoup plus efficace que moi. Nous nous mîmes à bavarder pendant qu'il travaillait et je lui dis ma surprise et mon indignation face à l'incident, mon embarras aussi pour faire réparer ou plutôt changer le pneu lacéré. Il avança alors une explication possible de cette mésaventure : l'immatriculation de la voiture prouvait que son propriétaire « n'était pas d'ici » et stationner à la place vraisemblablement favorite d'un des occupants de la rue avait été perçu comme une invasion provocatrice à « décourager ». J'étais stupéfaite par un tel sentiment de territorialité et une réaction aussi primitive, et je le lui dis. Il eut un petit rire amer et, pour contrecarrer mon sentiment du primitivisme local en quelque sorte, me proposa ensuite de me conduire chez un de ses amis qui, disait-il, pourrait sans problème me fournir un pneu neuf. Nous partîmes dans un dédale de petites rues pas très propres bordées de ces pavillons hétérogènes et étriqués des années trente en brique ou pierre meulière, assez défraîchis, pour aboutir à un hangar sombre et branlant qui servait de garage à Ahmed. Celui-ci, l'air tout aussi sombre, me regardait avec suspicion car visiblement je n'étais pas « d'ici » ; mais après quelques mots d'Abdel en arabe, son visage s'éclaira et quelques minutes plus tard il avait remplacé le pneu sacrifié. Lorsque j'en eus réglé le prix, que malgré mon inexpérience je trouvai raisonnable, je pus envisager mon escapade avec une sérénité retrouvée. Je remerciai profusément les deux hommes et, sur le chemin du retour, proposai à Abdel de prendre un verre ensemble. Il refusa avec un grand sourire, invoquant ses propres occupations qu'il avait négligées pour venir à mon secours. Chevalier servant désintéressé, il disparut au bout de la rue.

***

Deux hommes encagoulés de noir gesticulaient et tiraient sur un groupe de passants avant de s'engouffrer dans une voiture en hurlant des propos incompréhensibles et de s'enfuir à vive allure tandis que les victimes tombaient plus on moins vite sur le trottoir qui se noircissait de sang. Plongée dans cette scène d'une violence extraordinaire, il me fallut quelques instants pour que ma surprise incrédule se transforme en effroi et que je comprenne pleinement la réalité de l'événement sous mes yeux. Ce n'était pas la violence factice d'un polar américain, mais la « vraie vie » dans toute son horreur, une scène filmée par des caméras d'amateur dans une rue ordinaire de Paris. Les rafales de kalachnikov étaient la seule bande-son de ce film incroyable, entrecoupée de rares interjections humaines. À ce moment, le film s'arrêta net et le journaliste de service, bien calé dans son fauteuil, comme moi devant ma télévision, prit la parole pour expliquer la scène dans toute sa brutalité. À peine une demi-heure plus tôt cette vision apocalyptique s'était déroulée dans un quartier calme de la capitale où siégeait un journal d'opposition. La police s'était aussitôt lancée à la poursuite des meurtriers et maintenant, en direct, sous mes yeux médusés des dizaines de petits hommes lourdement armés, vêtus et casqués de noir, progressaient sur une voie de sortie familière du périphérique comme des colonnes de fourmis, lentes mais inexorables entre les maigres peupliers, pour se diriger vers un groupe d'immeubles clairs où, paraît - il, s'étaient réfugiés les tueurs. J'étais fascinée, la gorge nouée, incapable de m'arracher à la scène, un vague sentiment de nausée et d'impatience au creux de l'estomac. Clouée dans mon fauteuil, les yeux rivés sur l'écran, je suivais la progression des petits hommes noirs, de plus en plus nombreux, abasourdie par l'énormité de la situation. Je restais pendant les heures que dura l'événement, en essayant de me persuader de sa réalité inconcevable à un esprit normal habitué à la sécurité d'une vie ordinaire dans un pays occidental.

À mesure que s'égrenaient les heures, comme des rapaces encerclant leur proie, les journalistes eux aussi de plus en plus nombreux sur le terrain, ou plutôt juste à sa périphérie, autant que le leur permissent les forces de police, commentaient de manière plus ou moins pertinente mais jamais dénuée d'emphase mélodramatique, la tuerie du matin, la fuite des terroristes et la traque qui se déroulait à présent sous nos yeux. Il ressortait de tout cela que deux hommes se réclamant d'un mouvement islamiste extrémiste avaient donc attaqué la rédaction du journal, abattu plusieurs journalistes et « membres du public » dans leur fuite, en proférant des slogans haineux et menaçants avant de prendre pour cible un quartier à forte densité israélite où ils se trouvaient maintenant assiégés par les forces d'élite de la police dans une boutique à proximité d'une école. L'assaut qui se préparait était donc rendu d'autant plus délicat par ce contexte et la présence des chalands pris en otage dans le magasin.

Le temps passait au ralenti, suspendu jusqu'à paraître s'arrêter, le jour s'acheminait lentement vers une pénombre inquiétante, la basse continue des sons qui sous-tendait les commentaires plus ou moins ineptes des journalistes à court d'idées était presque inaudible jusqu'à ce que retentisse le claquement assourdissant d'un coup de feu dans le magasin cible. Quelques instants plus tard, ce fut le déferlement, le tumulte, le bruit et la fureur de l'assaut. Le crépitement assourdissant des armes et la rapidité des mouvements de toutes les petites silhouettes noires lourdement casquées qui s'étaient tenues si calmes pendant des heures. En une dizaine de minutes, tout était joué. Des gens minuscules s'enfuyaient en courant escortés par les petits hommes-fourmis. Les caméras avides et morbides tentaient de plonger à l'intérieur de la scène de chaos et de carnage. Le reporter, excité et goulu, fit rapidement le point sur la situation. Un otage avait été abattu par les terroristes qui eux-mêmes étaient tombés sous les balles de la police pendant l'assaut et étaient en cours d'identification. Bouleversée par cette longue veille et ce déferlement de violence bien réelle, je ne savais pas si j'étais vraiment soulagée ou accablée, si je pensais que l'issue était vraiment juste et inéluctable. Des victimes innocentes et leurs meurtriers se trouvaient unis dans la mort, mais n'était-ce pas, justement, accablant ce destin qui réserve le même sort aux innocents et aux coupables, à ceux qui n'ont rien demandé et à ceux qui ont choisi de saccager leur vie et celle des autres ? C'était bien sûr une question stérile et en ce sens inepte sur la présence du Mal dans l'univers, mais je ne pouvais m'empêcher de m'interroger.

Je restais, triste et songeuse, vissée à mon fauteuil, sans le désir ni l'énergie de me lever et de passer à autre chose après ce que je venais de voir. Je pensais aux enfants de l'école qui étaient restés terrés dans leurs classes pendant toute la durée du drame parce qu'il aurait été trop risqué de les évacuer face à la possibilité de déclencher une fusillade chez les assiégés, à leurs institutrices confrontées à leur énorme responsabilité de protéger physiquement et émotionnellement, et qui sait, à la lourde tâche de calmer voire consoler tous ces petits s'ils avaient été conscients du caractère effrayant de leur situation, à l'angoisse des parents impuissants et atteints au cœur de leur être par le danger incommensurable qui enveloppait leurs enfants. Heureusement, tout ceci en tout cas s'était bien terminé, et le sort s'était au moins montré clément à leur égard.

Maintenant, dans les studios, le journaliste au confortable fauteuil avait repris la parole ; il annonçait avec une sorte de gourmandise dans la voix que les deux terroristes abattus pendant l'assaut avaient été identifiés. Il s'agissait de deux frères dont les photos apparurent bientôt à l'écran.

Une lame de fond parcourut tout mon corps, me nouant l'estomac et la gorge. Mon esprit se vida un instant comme anesthésié. L'une des photos était celle d'Abdel, avec le même sourire timide qu'il avait en me saluant lorsque nous nous croisions dans l'escalier. Le premier moment de sidération passé, j'écoutais avidement les propos qui sortaient de la machine, déshumanisés par le ton du journaliste, qui maintenant se voulait factuel. Les deux terroristes qui avaient semé l'horreur et la mort sur leur parcours de quelques heures avant d'être eux-mêmes abattus avaient été identifiés sans difficulté car « déjà connus des services de police ». Bouleversée par la barbarie dont j'avais été témoin pendant ces dernières heures, j'étais maintenant saisie d'un frissonnement glacial, en proie à un tumulte d'incrédulité et d'effroi. Tout cela n'était pas possible, Comment « mon » Abdel, que j'avais trouvé si sympathique, qui vivait juste de l'autre côté du mur de mon appartement pouvait-il être cette créature malfaisante et mortifère ? Comment avait-il pu tuer d'innocents inconnus simplement parce qu'ils ne pensaient pas comme lui ? Moi non plus, je ne pensais pas comme lui. Aurait-il aussi tiré sur moi si je m'étais trouvée sur son chemin ce matin ? Aurait-il tiré sur moi ici, s'il avait décidé de passer à l'acte dans notre quartier, puisqu'ici aussi, après tout, il y avait des gens d'autres communautés, qui ne pensaient pas comme lui et qu'il devait sans doute considérer comme ses ennemis héréditaires ? Je frissonnai d'effroi certes, mais aussi de révulsion. Perpétrés par Abdel, ces attentats, ces fusillades, cette prise d'otages m'apparaissaient encore plus incompréhensibles, plus abjects et plus odieux que par des terroristes anonymes, parce que tout, ou presque, ce que je savais, ou croyais savoir, de lui auparavant me l'avait fait percevoir, sans me poser vraiment de questions, comme un garçon normal, bien intégré, comme l'un des nôtres pour ainsi dire, et que je me sentais personnellement trahie par ses gestes. J'avais beau savoir que dans certaines littératures postcoloniales un nombre croissant de romanciers essayaient d'entrer dans l'esprit des terroristes et de développer leur récit du point de vue de ceux-ci, il m'était à moi impossible, confrontée à cette réalité, de me projeter dans celui d'Abdel. L'incompréhension, la révulsion, l'emportait. Cette première prise de conscience qui m'atterrait dans l'instant fit bientôt place à une sourde colère. J'étais effrayée de mon erreur d'intuition et de jugement durant tous ces mois où nous nous étions croisés, rencontrés même. Je n'avais rien vu, et cet aveuglement me faisait maintenant mesurer l'énormité du danger. J'en voulais à Abdel de m'être trompée sur lui plus encore que d'avoir endormi ma méfiance naturelle par ses attentions serviables. Mais la colère engendrée par ce sentiment de trahison, cette conscience humiliante d'avoir été abusée me conduisit aussi à m'interroger sur la véritable identité profonde d'Abdel. Qu'est-ce qui avait pu conduire le jeune homme à cette folie meurtrière préméditée ? À cette forme de schizophrénie où alternait le garçon souriant, serviable, attentif aux autres avec le tueur froid et cruel ? Outre la compassion que j'éprouvais spontanément pour les victimes de cette journée et leurs familles, je sentais peu à peu naître en moi un sentiment de pitié pour Abdel, pour cette vie gâchée par une haine froide et absolue venue des abymes profonds de l'être, par un fanatisme idéologique abrutissant, insensé, décérébré, qui lui avaient été pernicieusement injectés comme une drogue dans un organisme par ailleurs sain. Comment avait-on pu manipuler ainsi un jeune homme, faire passer pour de l'héroïsme la barbarie la plus primaire ? J'étais consternée par le monde que nous allions léguer aux jeunes gens comme Abdel. Comment allions-nous (les) sortir de cette horreur ? Notre génération, notre société avaient-elles donc failli à ce point ? Nous ne réussissons pas à transmettre ni protéger ce qui fait pour nous le prix de la vie. Est-ce encore récupérable ? Saurons-nous trouver les paroles, et les gestes surtout, qui empêcheront les appels à la haine et au meurtre de s'infiltrer dans les âmes et de transformer une jeunesse en proie à la fragilité de l'acculturation en une meute abrutie, pervertie, sanguinaire, fascinée par la mort, la sienne et celle des autres, ayant perdu toute faculté de logique et de raison, aveuglée par une exécration rancunière, viscérale, de l'Autre, en cette déferlante de violence absolue ? Était-il possible que cette acculturation ne soit qu'une acceptation de façade, consciente ou inconsciente ? Que seules la facilité des vêtements et des gadgets, la cupidité de la consommation soient les uniques éléments qui puissent être acceptés sans problème, mais que les valeurs profondes, comme la compassion ou le respect de l'Autre et de la vie, restent lettre morte ? Avons-nous su nous-mêmes faire montre de la compassion et du respect de l'Autre que nous proclamons comme signe de notre propre culture ? En ce siècle qui clame si haut sa modernité et ses prétentions altruistes, qu'avons-nous fait, ou plutôt que n'avons-nous pas fait pour en arriver là ? Dans l'immédiateté du drame, cette foule de questions paradoxalement essentielles et stériles à la fois, envahissait toute ma pensée. Je n'avais pas encore entendu parler de *taquiya,* cette dissimulation, voire ce mensonge ; vécus comme une protection légitime contre les non-musulmans. Mais ce soir-là mon corps, ébranlé par la violence des émotions de ces dernières heures, persistait à frissonner doucement. La soirée fut longue et triste, la nuit agitée de rêves et d'insomnies récurrentes.

Au petit matin, la cage d'escalier habituellement si calme s'anima de présences et de mouvements furtifs, suivis de coups sourds et répétés, d'éclats de voix et de cris stridents. Sur le palier, la porte de l'appartement voisin s'ouvrit brutalement et, ayant entrebâillé la mienne, je vis des silhouettes noires, semblables aux fourmis d'hier avec leurs gros casques et leurs vêtements rembourrés, à présent de taille humaine presque gigantesque, entraîner sans ménagement la silhouette en bourka vers la sortie et disparaître avec elle presque silencieusement dans la lueur bleutée de l'aube.

Le procès

Ils étaient dans le box. Deux jeunes êtres, recroquevillés sur leurs chaises, minces presque maigres, le teint cireux, les cheveux noirs et rares plaqués sur leur crâne étroit. La fille petite, le garçon élancé et glabre, le visage sans expression autre peut-être qu'une peur sourde et muette. Encadrés par les policiers et leurs interprètes respectifs, ces deux êtres qui s'étaient aimés, au moins désirés, qui avaient vécu ensemble pendant des mois, s'étaient fiancés, n'échangeaient pas un regard pendant toutes ces longues heures du procès.

La salle des Assises était claire et moderne, sa disposition moins classique, son mobilier de bois sobre et solide. Là-haut sur l'estrade, à bonne distance, le juge en toge écarlate et perruqué du XVIIIᵉ siècle dominait l'assistance. Le procureur et les avocats, emperruqués eux aussi, côte à côte, consultaient leurs épais dossiers, et les douze jurés sur le côté observaient, novices, le déroulement de la séance. Ils écoutaient attentivement, en prenant sagement des notes et consultaient avec soin les pièces qui leur étaient présentées. Tous s'étaient réjouis, lorsqu'ils avaient été tirés au sort, qu'il ne s'agisse ni d'une affaire de meurtre ni de pédophilie. C'était ce qu'ils avaient tous redouté lors de leur convocation. Six femmes et six hommes représentant l'éventail des âges et des statuts sociaux de la communauté locale, ouvriers, commerçants, intellectuels, de l'étudiante au retraité, du garagiste au médecin, tous allaient devoir consacrer leur temps et leur énergie à peser les faits qui leur étaient présentés, pour décider, « au-delà de tout doute raisonnable » quelle était la culpabilité de chacun de ces deux êtres dans le box, et donc de leur avenir. Il s'agissait d'une affaire de drogue. D'une grosse affaire de drogue. Donc, pour les douze jurés, d'un cas beaucoup moins lourd, moins susceptible de dilemme cornélien. La menace que représentait cette activité criminelle pesait sur toute la communauté, et ceux des jurés qui étaient aussi parents en mesuraient encore plus le danger. La situation était aussi symboliquement forte, puisque le danger venait de l'extérieur, le garçon dans le box étant un clandestin et la fille une immigrée légale.

Excepté le journaliste de la presse locale, il n'y avait personne sur les bancs du public. Ceux que l'on jugeait étaient des étrangers emprisonnés depuis six mois, et leurs associés d'avant avaient pris grand soin de disparaître. Ils n'avaient pas d'amis ni de parents pour leur apporter le soutien d'un regard, d'un sourire. Ils étaient seuls face aux représentants d'une société qui n'était pas la leur et dont ils connaissaient mal les codes. Vu sous cet angle, leur procès était celui de la misère, de la cupidité et de la bêtise. C'est en tout cas ce que se disaient certains des jurés en les observant, le regard vide, tassés sur leur chaise.

Le procès commençait. Les jurés, novices attentifs, écoutaient religieusement. Le greffier du tribunal exposa les faits reprochés. L'affaire, qu'ils découvraient à l'instant, était claire, la voix du greffier avait le ton de la fermeté objective. La police avait trouvé plusieurs centaines de kilos de drogue dans le grenier de leur maison, plus de moindres quantités jusque dans la salle de bain et la cuisine. Or les deux jeunes gens prétendaient ne rien savoir de tout ceci et n'utiliser jamais leur cuisine. Quant à la salle de bain… De toute évidence, s'ils n'étaient pas eux-mêmes propriétaires de la drogue, ils en étaient les détenteurs et les gardiens, les « nourrices » selon l'expression consacrée. Il était impossible que pendant les mois où ils avaient vécu ensemble dans cette maison ils n'aient pas été au courant de cette présence maléfique. On avait en outre trouvé des liasses de billets dans les vêtements de la chambre du garçon, des sommes qui pouvaient difficilement passer pour ses gains légitimes de plongeur de restaurant ou de maçon occasionnel.

Perché sur son estrade, le juge, rassurant, avec une bienveillance quelque peu hautaine, s'adressa ensuite aux jurés pour définir leur ligne d'action et leur suggérer de lui poser des questions par l'intermédiaire du greffier s'ils en éprouvaient le besoin. Il les avertit aussi que ce procès serait long, au moins une semaine entière, étant donné les circonstances des accusés qui ne pourraient communiquer qu'à travers leurs interprètes (donc le temps de chaque interrogatoire se trouverait doublé !), et cela pourrait aussi être le cas de certains témoins. Le silence qui suivit avait peut-être un je ne sais quoi de déçu, car chacun des douze malheureux désignés par le sort pour cette mission civique avait d'autres projets ou désirs en dehors de cet espace clos, solennel et empreint de malheur. Mais quoi, contre mauvaise fortune…

Vint le premier témoin de l'accusation. C'était l'inspecteur de police qui avait dirigé l'opération. Style inspecteur Japp plus qu'Hercule Poirot. Il était plutôt content de lui. Bien sûr, il avait l'habitude de témoigner au tribunal, mais pour cet homme d'une cinquantaine d'années, cela devait être la première et, jusqu'à présent, la seule opération d'envergure de sa carrière provinciale. D'un ton qu'il voulait neutre mais où il n'était pas difficile de percevoir une note de satisfaction, il déroulait son compte-rendu. Il avait été prévenu par un collègue de Scotland Yard qu'une certaine fourgonnette rouge, soupçonnée de transporter de la drogue filait vers le Nord. Son équipe en avait malencontreusement perdu la trace et il lui demandait d'ouvrir l'œil à tout hasard. Or, le hasard avait voulu qu'une patrouille locale eût repéré ladite fourgonnette garée dans l'allée d'une maison de la ville. L'équipe locale avait alors discrètement exploré les environs et, ayant découvert que la maison était alors inoccupée, avait « planqué » pendant des heures en attendant la suite. Un peu avant minuit, un couple était entré dans ladite maison (vidéo, heureusement partielle, des alentours avec policiers « en planque », certains étant armés). Les policiers s'étaient fait ouvrir la porte, avaient inspecté la fourgonnette, qui était vide, puis la maison, qui elle ne l'était pas. En effet, sous l'évier de la cuisine, ils avaient trouvé un sac de hashish d'un kilo environ, déjà entamé, de petits sachets et une petite balance dont l'usage était clair (photos aux jurés). S'en est suivie une fouille systématique de la maison (plan de la maison et photos de pièces misérables et désordonnées). Butin : un sachet et une liasse de billets dans les poches d'un pantalon minable avachi sur une poignée de porte (photo). Jusque-là rien que d'assez banalement sordide. Mais la pièce de résistance s'était avérée être la salle de bain, ou plutôt la trappe en son plafond qui menait dans les combles. Là, non pas un sachet, non pas un paquet, mais, alléluia ! des dizaines, peut-être même une centaine de paquets bien emballés dans un plastique bleu, de jolies briquettes entassées avec soin sur toute la longueur du plancher et plusieurs épaisseurs (photos, photos, photos). L'inspecteur revivait l'exultation de son équipe devant leur trouvaille, le jackpot. Embarqué le jeune couple, des étrangers en plus, qui prétendaient ne comprendre ni la situation ni vraiment la langue. Plutôt sûr de son effet, l'inspecteur attendait avec sérénité les questions du procureur et des avocats. Il dut assez vite déchanter, car le procureur lui reprocha immédiatement ses négligences, négligences qui affaiblissaient singulièrement le poids de preuves requises contre les deux jeunes gens. Tout à la joie de leur découverte, les policiers n'avaient pris aucun relevé d'empreintes, digitales ou génétiques, pas plus sur le paquet entamé que sur ceux si joliment entassés dans les combles.

Quant au sachet trouvé dans les poches du pantalon, même avec les empreintes du garçon, dont c'était le pantalon, il n'y avait pas matière à passer aux Assises. Pas de relevés non plus sur la fourgonnette, donc pas de preuves de transport pour justifier ne serait-ce que les soupçons de Scotland Yard. Donc une belle prise certes, mais un travail sommaire, bâclé, qui ne permettait pas à la justice de faire le sien, par manque de preuves matérielles irréfutables, alors que cela aurait été possible, voire facile d'en avoir sur le champ avec plus de rigueur professionnelle ; il fallait se contenter ici de preuves circonstancielles plus hasardeuses. Chacun à leur tour les deux jeunes avocats commis d'office s'engouffrèrent évidemment dans la brèche ainsi ouverte par le procureur lui-même, avant que le juge ne mette fin à cette audition qui devenait quelque peu embarrassante pour l'enquêteur. L'inspecteur sortit avec moins d'entrain qu'il n'était entré, et certains des jurés se demandèrent sans doute pourquoi dans la vraie vie les policiers sont moins astucieux et moins efficaces que leurs homologues à la télévision. Ne regardent-ils pas les feuilletons comme tout le monde ? Ils y auraient appris une chose ou deux sur la procédure. Même eux, les jurés, auraient pensé aux relevés d'empreintes, n'est-ce pas ?

Le second témoin de l'accusation, l'agent immobilier qui avait loué la maison au jeune couple, enfin, officiellement, à la jeune femme, était visiblement mal à l'aise, malgré une allure qui se voulait décontractée. Il était polonais, mais pas vraiment agent immobilier. Il agissait pour le compte du propriétaire, un Pakistanais résidant alors au Cachemire et avait trouvé ses locataires au restaurant turc qu'il fréquentait lui-même et où ceux-ci travaillaient. La négociation n'avait visiblement été ni simple ni claire, comme le prouvaient les nombreux SMS saisis par la police (photos des dits aux jurés) et qui rétrospectivement pouvaient paraître lourds de sous-entendus. Fuyant et peu enclin aux détails, le Polonais était pressé d'en finir. Il lui fallut pourtant parler du bail (photo du bail) qui datait de quelques mois précédant l'arrestation. Il était maladroitement signé en dû lieu par la jeune fille, et le Polonais déclara que les loyers étaient régulièrement versés par le jeune homme en leur nom. Il n'y avait rien d'autre à dire. Le juge le congédia alors benoîtement, non sans lui avoir toutefois précisé de rester à proximité car il pourrait être rappelé ultérieurement.

Le troisième témoin était le policier qui avait pris la déposition de la jeune femme la nuit de l'interpellation. Cela n'avait pas été chose facile car, prétendait-elle, elle comprenait mal l'anglais, et il avait été trop tard pour trouver un interprète cette nuit-là. Elle ne comprenait pas non plus ce qui arrivait. Elle n'était au courant de rien. C'était son fiancé qui avait loué la maison. Ils devaient se marier prochainement et s'y étaient déjà installés depuis quelque temps. Non, elle ne savait rien au sujet de la drogue. D'ailleurs, ils n'allaient jamais à la cuisine et prenaient leurs repas au restaurant où ils travaillaient tous les deux. C'était lui qui lui avait trouvé la place et il s'occupait de tout. Le vrai prince charmant. Elle raconta son histoire. Elle était roumaine, arrivée en Angleterre depuis environ, elle ne savait plus très bien, deux ans, pour y gagner sa vie. Elle logeait dans une petite chambre chez une vieille Grecque. Mais comme elle parlait mal la langue, elle avait grand-peine à trouver du travail. C'est chez sa logeuse qu'elle avait rencontré le jeune homme. Il lui avait fait la cour et au bout de deux ou trois mois environ l'avait demandée en mariage. C'était inespéré. Il était albanais, mais en Angleterre depuis plusieurs années et se débrouillait bien en anglais et ne manquait pas d'argent. Il lui avait trouvé cette place de plongeuse dans le même restaurant que lui. L'avenir était subitement plus rose. Bien sûr, il était un peu autoritaire, mais c'était normal. C'était un homme ; il savait ce qu'il faisait, et elle savait rester à sa place. Non, elle ne savait rien de ce qu'on leur reprochait. Ils n'avaient jamais ouvert la trappe de la salle de bain, qu'ils fréquentaient assez peu, n'étaient jamais montés au grenier. Pourquoi l'auraient-ils fait ? Elle signa, non sans peine, sa déposition.

Quelques heures plus tard, le policier qui avait commencé à rassembler des éléments de preuve, dont le bail prouvant que les deux jeunes gens étaient responsables de la maison, s'aperçut que la signature de la jeune femme au bas de la déposition et dont l'authenticité ne pouvait être mise en doute ne correspondait absolument pas à sa signature sur le fameux bail. Alors, que s'était-il passé ?

Retour du Polonais à la barre. Le ton du juge, cette fois, inquisiteur et sévère, puis celui du procureur, accusateur sans merci, poussa le témoin à s'expliquer sur le bail. Oui, c'était bien un faux. Mais un faux innocent puisqu'il s'agissait d'une signature faite par le jeune homme dans leur intérêt à tous. Il n'avait quant à lui jamais vu la jeune femme. Ils s'étaient arrangés entre hommes – et entre étrangers – puisque légalement le jeune Albanais, immigré clandestin, ne pouvait pas signer de bail officiel, alors que la jeune femme, européenne, était, elle, en situation régulière. Penaud d'avoir été poussé à la confession et probablement inquiet des conséquences possibles de ses aveux, « l'agent immobilier », sans pignon sur rue, quitta le tribunal après avoir été vertement sermonné par l'Autorité.

À ce récit, le jury n'avait pas besoin d'être constitué de grands clercs pour comprendre la manipulation dont le tracé s'esquissait désormais. Le jeune homme avait trouvé la solution pour assurer ses arrières en Angleterre. Il avait trouvé une femme assez naïve ou assez sotte pour obtenir un statut légal dans son pays d'accueil en lui promettant le mariage, et une complice, involontaire ou non, pour ses activités clandestines. En tout cas, une proie facile à exploiter sous une forme ou une autre. Effectivement, croyant à « l'amour toujours » ou fascinée par l'abondance alors qu'elle n'avait connu que la misère, pratiquement analphabète, la jeune Rom s'était trouvée exploitée sous de multiples formes.

Le défilé des témoins à charge ne fut guère long. Il n'y eut pas de témoins pour la défense. Toutes leurs connaissances s'étaient défilées.

***

Les jurés se retrouvaient aujourd'hui dans le salon qui leur était réservé. Ils étaient arrivés ponctuellement à l'heure qui leur était prescrite et attendaient avec plus ou moins de patience que le tribunal les convoque. Le juge était retardé par un autre procès en cours et les heures passaient dans cette attente indéterminée. Ils ne se connaissaient pas et n'avaient en commun que leur statut actuel. Ils n'avaient rien vraiment à se dire puisqu'il leur était interdit de parler de ce qui les avait réunis là. Certains lisaient, écrivaient, d'autres jouaient avec leur portable, l'étudiante travaillait, la plupart se tournaient les pouces, regardaient par la fenêtre, dans une impatience croissante au fil de ces heures inutiles alors que la pensée de leur vie ordinaire les attirait au dehors. Lorsque la session reprit enfin, ce fut le tour des accusés et de leurs avocats de s'expliquer. Assistée de l'interprète qui semblait résumer plutôt que traduire littéralement ses propos, la jeune femme raconta son histoire en s'en tenant à ce qu'elle avait dit lors de sa déposition. Le tribunal n'en apprit rien de plus, si ce n'est l'impression qu'elle avait donnée de sa personne. Cette jeune femme illettrée, perdue dans un pays étranger qui lui était initialement apparu comme un el Dorado et s'était avéré plutôt être un piège, la laissait complètement démunie. Les six derniers moins passés en prison, pas plus que son avocate, ne lui avaient rien appris sur la vie en terre inconnue sinon qu'elle aussi était dangereuse et ne lui apportait pas de salut. Était-elle sotte ou très habile ? C'était au jury de s'en faire une idée. Mais à ce moment précis, les choses traînaient en longueur à cause des explications alambiquées multipliées par la traduction, et il était difficile de se faire spontanément une idée claire de la situation, à cette heure tardive, pour des jurés quelque peu hébétés par leur longue et ennuyeuse attente. Il fallait laisser au temps et à la nuit la possibilité de dégager une interprétation rationnelle de tout ce fatras.

Le lendemain devait être le jour de l'audition du garçon. Les jurés étaient là, mais pas le traducteur albanais, et dans cette petite ville il n'était guère possible de lui trouver un remplaçant impromptu, donc ils furent libérés pour la journée, bien sûr, ce n'était que partie remise, mais, quel que fût leur âge ou leur condition, ils s'éclipsèrent tous, heureux comme des écoliers en vacances. Même ceux qui étaient conscients de leur importance ne se réjouissaient guère de leur rôle. Ils auraient tous eu mieux à faire et une journée de liberté était bienvenue après toute une semaine en séance, avec ces temps morts engendrés par les « points de droit » où on les cantonnait au salon pendant que le juge s'entretenait seul avec l'accusation et la défense, bref tout ce temps personnel perdu dans les mécanismes d'une institution qui les tenait à sa merci.

Le traducteur ayant enfin réapparu, le procès reprit son cours lent, complexe, élaboré face aux silences embarrassés ou au discours à la fois évasif et alambiqué du jeune homme que la traduction ne semblait rendre ni plus clair ni plus logique. Documents bancaires à l'appui, il semblait que les plongeurs « au noir » de restaurants turcs gagnaient royalement leur vie dans cette petite ville du nord et qu'il était possible d'envoyer régulièrement à l'étranger (à sa pauvre famille ?) des sommes assez coquettes. Si l'on ajoutait à cela des voyages à travers le nord de l'Angleterre ou des séjours épisodiques à Londres, pour « travailler dans le bâtiment » à l'occasion, le mode de vie de ce jeune homme paraissait curieusement original, mais on n'y trouvait aucune preuve tangible et certaine de son implication dans un trafic quelconque. Faux et usage de faux, détention de drogue certes, probablement vente d'icelle, mais les preuves matérielles manquaient singulièrement pour prouver la possession et/ou le trafic. Ce n'était que du menu fretin qui ne permettait pas même de remonter jusqu'aux gros poissons (peut-être bien à l'abri dans le lac de Srinagar ou autre entre le Cachemire et le Pakistan ?) Mais là aussi, les preuves manquaient pour établir le lien éventuel entre ces poissons de différentes tailles. Si l'avocate de la jeune femme, elle aussi commise d'office, avait probablement su la briefer pour paraître plus naïve qu'elle n'était certainement, celui du jeune homme était nettement moins astucieux ou expérimenté ou consciencieux, peut-être n'avait-il pas eu le temps d'étudier vraiment le dossier. À plusieurs reprises, le juge lui coupait la parole pour le reprendre sur tel ou tel aspect de sa plaidoirie. Malgré la courtoisie apparente avec laquelle ces remontrances étaient faites, l'air du tribunal s'en trouvait alourdi et une certaine crispation embarrassée avait gagné les jurés.

Ce ne fut donc pas sans soulagement qu'ils entendirent les mots qui les envoyaient délibérer. Après avoir siégé en silence des jours durant, spectateurs attentifs d'une action dramatique dont ils connaissaient mal les rouages, leur tour était venu d'entrer en scène pour jouer le rôle qu'on leur avait imposé et auquel ils s'étaient préparés depuis tout ce temps. Recommandations faites sur ce qui était précisément attendu d'eux, conduits par le greffier qui désormais serait leur seul contact avec le reste du monde, ils se trouvèrent enfermés en coulisses, dans une salle spacieuse, avec tous les documents qu'on leur avait présentés, jusqu'à ce qu'ils soient unanimement arrivés à une conclusion sur la culpabilité du couple. Leur première tâche était d'élire un président du jury qui devrait diriger leurs débats et annoncer au juge en leur nom les conclusions auxquelles ils auraient abouti. Moment intéressant, étant donné le caractère socialement hétéroclite de sa composition. Immédiatement, un des hommes d'une quarantaine d'années, chercheur à l'université, se croyant sans doute le plus « gradé » de l'assemblée se proposa, mettant en avant son habitude des réunions et ses compétences naturelles. Mais contrairement à sa certitude, qu'il aurait d'ailleurs pu abandonner s'il avait seulement écouté les conversations de ses compagnons au lieu de pérorer, il n'était pas « le plus ancien dans le grade le plus élevé ». Le professeur émérite et le médecin spécialiste se regardèrent en souriant. Ils avaient observé l'agacement discret qui animait les autres lorsque ce quadragénaire avait pris la parole. L'un d'entre eux suggéra donc d'une voix suave qu'il serait probablement bienvenu de confier cette tâche à une des jeunes personnes du groupe puisqu'il s'agissait aussi de prendre note de ce qui allait se dire au cours de leur échange. Cette proposition qui aurait pu a priori sembler surprenante fut immédiatement accueillie par l'assemblée avec un soulagement perceptible. On ne tira pas à la courte paille, mais on choisit donc la doctorante qui n'avait pas cessé de prendre des notes pendant toutes les audiences et qu'on avait vu travailler consciencieusement pendant toutes les interruptions de séance. S'en trouva-t-elle flattée ou embarrassée ? Elle resta imperturbable.

Il s'agissait maintenant d'examiner le cas de la jeune femme. La chose était simple. Personne ne croyait que la drogue lui appartenait ni même qu'elle se chargeait de la revendre. Tout ce qu'on pouvait lui reprocher à coup sûr était d'être au courant du trafic de son compagnon. Et comme il s'avéra qu'aussi bien les femmes que les hommes du jury avaient l'intime conviction qu'elle avait été trompée et utilisée par le garçon, il fut simple pour tous de répondre aux questions posées par le juge. Elle fut déclarée non coupable à l'unanimité au premier tour de vote. Les choses allaient bon train et tous pensaient donc qu'on en aurait vite fini avec cet épisode de leur vie. Comme ils se trompaient !

La situation du jeune homme était beaucoup plus compliquée. Les preuves, pour circonstancielles qu'elles puissent être, étaient toutes à son désavantage. Le bail de la maison était un faux, des sommes d'argent importantes pour un immigré clandestin travaillant au noir avaient été retrouvées dans les poches de ses vêtements. On éplucha les mouvements de son compte bancaire en relation avec ses déplacements on en discuta dans le détail comme de l'ensemble de l'affaire, puis on passa au vote. Sept jurés le trouvaient coupable et cinq n'étaient pas sûrs. Après ce premier tour de table, on reprit les documents et chacun individuellement se fit fort d'expliquer pourquoi il était convaincu de sa culpabilité ou pourquoi il en doutait. Puis il y eut un échange d'arguments pour essayer de convaincre le parti opposé. Ce n'était pas « douze hommes en colère » mais personne ne semblait comprendre que ce qui lui paraissait évident ne l'était pas pour d'autres. Le temps passait. Un seul juré se laissa convaincre. Au second tour, huit d'entre eux votaient pour la culpabilité, quatre ne pouvaient l'admettre « sans doute raisonnable ». La discussion reprit avec des échanges d'opinion et d'analyses des faits qui se faisaient de plus en plus détaillées, et peut-être de plus en plus vifs, pour justifier l'opinion de chacun. Mais comme aucune information nouvelle ne pouvait intervenir dans l'isolement imposé au jury, il y avait peu d'espoir de voir la situation évoluer grâce à des éléments rationnels et objectifs. Tout ce qu'on pouvait raisonnablement espérer c'est que grâce à cette réflexion prolongée les propos des uns seraient plus convaincus et donc convaincants que ceux des autres.

Les heures passaient. Le juge s'impatientait. Il envoya l'huissier s'enquérir du déroulement de la délibération. Confronté à l'écart de votes parmi le jury, il fit savoir que si l'unanimité ne pouvait être atteinte, il pourrait se contenter d'une majorité de dix contre deux. Les pourparlers reprirent donc dans la salle close. Au bout de près de quatre heures et de quatre votes, chacun, plus ou moins excédé de ne pouvoir faire com prendre son point de vue aux autres était bloqué dans sa décision. Le seul résultat que l'on put finalement obtenir était : neuf coupables et trois irréductiblement convaincus, non pas de l'innocence du jeune homme mais de l'absence de preuves suffisantes pour déclarer sa culpabilité « au-delà de tout doute raisonnable ». Cette absence de conclusion décisive était un échec de la procédure. On aurait pu dire que ce qui ressortait de cela était en fait un portrait sociologique du jury. Les trois « irréductibles » étaient les plus jeunes ou les moins bien intégrés dans le monde du travail, ceux dont l'expérience de la vie était peut-être la plus fragile, ou ceux qui, du fait de leur âge ou condition sociale, ne voulaient pas plier devant l'opinion des plus expérimentés ou des mieux installés. Pour leur part, ceux-ci, n'avaient-ils pas silencieusement tendance à interpréter ce refus comme un signe d'entêtement juvénile irrationnel et immature ? Pour tous, l'atmosphère s'était alourdie d'un vague sentiment d'irritation, de frustration, d'échec et de culpabilité face à un devoir mal accompli.

Lorsque le jury eut regagné la salle d'audience et que sa jeune présidente eut rendu compte de leurs délibérations, le moment était venu pour le juge, insatisfait, de rendre sa sentence. Il acquitta la jeune femme et la fit libérer sur le champ. Elle resta figée, sans expression, avant de sortir du box escortée de son gardien, sans même un regard pour le garçon. Avait-elle enfin compris qu'elle n'avait été qu'un pion pour lui, qu'une fois encore on avait tiré parti de sa faiblesse, que ses aspirations au bonheur, à l'aisance, à une vie normale avaient été leurrées ?

Confronté à l'indécision des jurés, le juge n'avait d'autre solution que de renvoyer le jeune homme en prison pour quelques mois encore, dans l'attente d'un nouveau procès au cours duquel un autre jury pourrait, peut-être, arriver à une opinion unanime…

Après dix jours d'audience à grands frais d'avocats commis d'office, de traducteurs de langues rares, et d'une douzaine de personnes ayant dû renoncer à leurs activités professionnelles, tout était fini mais rien n'était vraiment réglé. Ils se séparèrent, tous assez dépités.

À la sortie du tribunal, l'un d'entre eux passa près de la gare. Il y vit la jeune femme en train de faire la manche…

Le léopard qui change ses taches

Cela commence comme « une histoire comme ça » de Kipling. Pourquoi, en effet, seuls, le crabe qui joue avec la mer, le papillon qui tape du pied ou le chat qui marche tout seul auraient-ils droit à leur histoire ? En outre, si le conteur explique comment le léopard reçut ses taches, n'est-il pas juste de voir comment il en changea ? Le léopard qui change ses taches est un animal tout aussi curieux et intéressant pour l'instruction sinon l'édification des plus jeunes, dans le monde qui est devenu le nôtre.

« Le léopard ne change pas ses taches », estiment les Anglais pour dire que la nature profonde des êtres ne change jamais vraiment en dépit des circonstances ou de leurs efforts ; encore faut-il l'avoir comprise pour porter ses taches dans la paix et la sérénité. Mais le jeune léopard ne se pose pas même la question. Voit-il seulement qu'il a des taches qui le distinguent des autres espèces et même des autres léopards, puisque ses taches sont uniques ? Uniques comme les expériences que la vie offre à chacun d'entre nous et qui marquent notre être de façon tout aussi indélébile que les taches ocellées d'une fourrure.

Tout d'abord, il y eut Bertrand. Ils étaient ensemble au lycée et si leur latin était comparable et leur permettait de travailler les versions dans un compagnonnage stimulant et plutôt ludique, son grec était bien meilleur que le sien et fournissait un excellent prétexte à leurs rencontres et leurs conversations fréquentes sous le regard jaloux de la sœur aînée de Bertrand. Ils étaient très proches et bientôt pas un soir ne se passa sans qu'ils se retrouvent pour travailler ensemble et surtout pour philosopher dans ces interminables discussions de l'adolescence. Il n'était pas très grand, ni très athlétique, mais ses boucles brunes et son profil le lui faisaient aisément imaginer en pâtre des *Bucoliques* dont ils traduisaient les chants. Sa tendresse pour lui était profonde et exaltée, la sienne plus paisible mais tout aussi certaine. C'était un amour pur et radieux, une complicité solide et défensive face au monde des adultes incarné par leurs professeurs, leurs parents et cette sœur aînée qui voyait d'un mauvais œil leur proximité croissante au fil des mois, à mesure que se rapprochait le bac et ses révisions, ces semaines où ils ne se quitteraient guère et qu'à regret chaque soir. Pour sa part, elle attendait le retour du matin et de leurs retrouvailles avec impatience, même si elles signifiaient une journée de labeur sans merci pour décrocher le fameux diplôme et avec lui l'accès à une classe préparatoire qu'ils avaient choisie et qu'ils espéraient commune.

Un soir où elle quittait Bertrand après avoir essuyé une réflexion peu amène de sa sœur et que cette animosité, apparemment gratuite, l'avait troublée, elle eut une épiphanie : la raison de cette hostilité lui apparut soudain clairement. Sa sœur la détestait parce qu'elle les voyait amoureux et elle eut alors la révélation de son amour. Oui, elle était amoureuse de Bertrand, avec ce que cela impliquait et dont elle avait encore une conscience assez vague, au point où la vie sans lui était inconcevable. Dès lors, il lui devint impossible de le regarder sans rougir : elle avait, pour ainsi dire, goûté au fruit de la

Connaissance. Les derniers jours de révisions qui les séparaient de l'examen devinrent ceux d'un délicieux supplice plus grand encore que la peur de celui-ci. L'ordre alphabétique les envoya dans deux centres différents, mais Bertrand insista pour qu'ils se retrouvent le soir après les épreuves pour faire le point de la journée et partager les émotions qu'elle avait engendrées. Vint l'heure du verdict et l'angoisse des résultats que rien ne justifiait vraiment pour aucun d'entre eux, puis l'acceptation dans la classe préparatoire où ils allaient se retrouver dans leur routine confortable, à partager à nouveau versions et thèmes latins ou grecs. Mais auparavant, il fallait affronter les grandes vacances qui les réintégraient sans merci au cœur de leurs deux familles dans des régions ancestrales particulièrement éloignées. Pour douloureuse qu'elle fût, l'absence physique se trouvait en partie compensée par une correspondance soutenue où ils échangeaient leurs expériences mais surtout où ils refaisaient le monde pendant de longues pages pleines.

La rentrée approchait et son amour pour Bertrand s'impatientait de cette attente, d'autant plus que le rythme de ses lettres semblait ralentir. À peine de retour à Paris, elle lui téléphona pour fixer une rencontre. Elle le retrouva chez lui, et sa sœur lui ouvrit la porte avec un sourire contrastant singulièrement avec son hostile morosité habituelle. Toute à sa joie, elle l'accepta comme un signe de bon augure. Bertrand était dans son bureau et l'accueillit avec joie. Ils parlèrent un moment avec leur liberté habituelle de ce qui avait fait leur échange pendant cet été de séparation. Lorsqu'elle évoqua la rentrée prochaine et son attente fébrile de cette hypokhâgne où ils allaient à nouveau travailler ensemble leurs sujets préférés, le visage du garçon ne s'illumina pas du même enthousiasme que le sien. Il se fit soudain grave. « Non, finalement, je n'irai pas en hypokhâgne, vois-tu. Tu sais, cet été, je t'ai parlé de notre visite à Vézelay avec mes cousins. Eh bien, ce que je ne t'ai pas dit alors, c'est qu'il m'est arrivé quelque chose d'impensable, de terrible et de merveilleux, et je ne voulais pas t'en parler avant d'en être sûr. Et surtout pas te l'écrire parce que je ne trouvais pas les mots pour te dire ce que j'étais en train de vivre. Cela sonnait trop plat et irréel. C'est trop difficile à faire partager. Après avoir visité la basilique, je suis allé me promener tout seul derrière et quand j'ai vu ce magnifique panorama, ce lieu où souffle l'esprit, que tant d'autres avaient aussi vu depuis des siècles, j'ai eu une révélation bouleversante, comme si l'esprit avait effectivement soufflé sur moi. Ne ris pas. J'ai entendu l'appel, et ma vie en a été bouleversée. Je sais maintenant ce que sera ma vie. Je suis heureux comme tu ne peux pas l'imaginer. J'entre la semaine prochaine au séminaire et je serai prêtre. » Comme un énorme coup de poing, cette révélation la toucha au plexus. Incapable de respirer ni de parler, elle le regardait, horrifiée et bientôt hagarde. Son univers s'effondrait, son amour lui déchirait le cœur. Intuitivement, elle ressentit au plus profond ce que cette décision impliquait à la fois pour lui, pour eux, et pour eux deux, et la souffrance était intense. Elle ne pouvait pas se réjouir de son bonheur. Elle ne chercha pas à plaider avec lui. Elle était trop abasourdie et l'intensité rayonnante de son regard lui avait fait comprendre que c'était inutile. Elle s'enfuit aussitôt qu'elle le put avant de se mettre à pleurer dans la rue. Le sourire de sa sœur lui apparut lui aussi dans toute sa signification. Elle se réjouissait peut-être de la décision de Bertrand, mais visiblement aussi de son évincement sans appel, et probablement de sa souffrance qu'elle avait anticipée.

Les semaines qui suivirent furent un calvaire. Elle pleurait beaucoup, mangeait et dormait peu, et devait en outre supporter les propos de sa famille qui commentait avec étonnement et abondance la décision soudaine de Bertrand, l'approuvant ou s'en apitoyant selon les cas et les moments. Le plus insupportable était quand on lui demandait ses impressions ou son avis, elle qui avait été si proche de lui. Ces interrogations étaient une torture d'autant qu'il lui fallait rassembler toutes ses énergies pour garder une apparence sereine. Elle ne pouvait plus voir Bertrand, même s'il était encore à deux pas de chez elle, et ce vide emplissait ses pensées. La semaine passa et avec elle son départ pour le séminaire eut sans doute lieu. Elle écrivit à son adresse familiale, puisqu'elle ne savait pas même où il était, quelques lettres où elle lui parlait de ses sentiments et de ses réactions à son choix de vie, suppliantes puis irritées, qui restèrent sans réponse, quelques lettres dont elle ne sut jamais s'il les avait reçues, et peut-être était-ce mieux ainsi. Heureusement, l'intensité du travail de la prépa la forçait à s'abstraire de sa souffrance une bonne partie de la journée. Versions et thèmes prenaient un poids affectif disproportionné à leur difficulté, la ramenant sans cesse à un passé pas si lointain et pourtant si distant où ils étaient synonymes de plaisir et de joie. La plaie qu'elle portait en elle, lancinante et profonde, inhabituelle, n'était jamais sans douleur.

Les mois s'égrenèrent sans un signe de lui. Son mal de vivre était toujours là mais ne l'empêchait pas de sauver les apparences sauf en des moments de plus en plus espacés d'intense déréliction où elle restait cloîtrée dans sa chambre pendant des heures que ses parents attribuaient à la densité bien connue du travail des classes préparatoires. Ces heures de souffrance, volées au travail qui était exigé d'elle, ne furent préjudiciables qu'à son moral cependant, et elle voyait arriver la fin de l'année scolaire sans grand tourment. Un jour enfin une lettre dont elle reconnut à l'instant l'écriture empêcha son cœur de battre. Bertrand lui proposait de se rencontrer à nouveau et fixait un rendez-vous. Visiblement, il ne s'était pas posé la question de savoir si cela lui était possible. Elle dut sécher les cours cet après-midi-là, mais elle n'aurait manqué ce rendez-vous pour rien au monde. Avait-il changé d'avis ? Allait-il lui annoncer son retour à la vie normale ? Bien sûr, c'était ce qu'elle espérait, mais une petite voix intérieure, profonde et persistante lui disait de ne pas trop espérer. Prise entre désir et principe de réalité, elle attendit fébrilement le jour et l'heure fixés. Elle arriva quelques minutes avant leur rendez-vous devant le séminaire où ils devaient se retrouver. La bâtisse était grande et enserrée de hauts murs, le portail de bois peint lourd et massif. Ce bâtiment du XIXe siècle avait toute l'austérité sévère d'une prison malgré la beauté des pierres de taille fraîchement ravalées, et cette vue dont la symbolique ne lui échappait pas la fit frissonner. Elle n'augurait rien de bon pour elle. Au bout de quelques instants, une petite porte s'ouvrit dans l'immense portail et une silhouette à la démarche familière se dirigea vers elle. Si la démarche était effectivement familière, la silhouette ne l'était pas. La soutane noire qui enveloppait un corps d'apparence frêle ne correspondait plus à celle du jeune homme en t-shirt et jeans dont l'image était toujours vivante à son esprit. De pâtre grec, il ne restait plus trace : les boucles brunes avaient disparu dans une coupe drastique qui rendait la tête émergeant de la soutane encore plus petite et plus maigre. Un sentiment de pitié l'envahit devant cette transformation physique. Où était son ami ? Que lui était – il arrivé dans ce lieu sévère où il avait été enfermé pendant des mois ? Lorsqu'il approcha, elle remarqua immédiatement l'éclat de son regard ardent. La beauté de ce regard, la paix qui l'illuminait la conduisit cette fois à prendre pitié d'elle-même. Son regard profond et serein lu dit qu'il était perdu pour elle et elle aurait pu partir sans attendre. Mais Bertrand, lui, enfermé dans son innocence aveugle, tenait à la voir et à lui parler. Ils allèrent donc, à son invitation, prendre le thé dans une pâtisserie voisine. Et tout en mangeant avec une certaine voracité les gâteaux qu'ils avaient choisis, il parlait avec douceur et joie de ces premiers mois de séminariste : elle l'écoutait le cœur brisé, silencieuse la plupart du temps, versant des larmes intérieures et incapable de lui poser les questions qui lui avaient brûlé les lèvres depuis l'été dernier. À quoi bon ? Il était parti vers un autre monde que le nôtre, et elle ne pourrait jamais y trouver sa place. Il était heureux, inconscient de l'effet que ses propos pouvaient avoir sur elle. Lorsqu'il dut reprendre le chemin du sinistre portail, ils se promirent de se revoir. Elle savait déjà pour sa part qu'elle n'en ferait rien, mais elle ne voulait pas assombrir pour lui, d'une fausse note, ce moment, puisqu'il semblait croire en une nouvelle forme de relation possible. Elle était encore trop amoureuse pour pouvoir l'envisager et supporter la blessure que de telles rencontres ne pourraient que raviver.

Elle ne revit Bertrand que de loin en loin, le croisant dans la rue lorsqu'il rendait visite à ses parents. Un jour, bien plus tard, en compagnie d'un ami très cher, elle le croisa par hasard dans une rue passante. Ils ne s'arrêtèrent ni l'un ni l'autre, mais elle lut dans ses yeux une incrédulité perplexe, et sut qu'avec Bertrand tout était dit. Ainsi finit l'histoire d'une belle amitié qui s'était transformée en un amour impossible, première tache ocellée d'où tombèrent d'autres petites taches en gouttelettes, comme des larmes d'un œil sensible à la lumière de cette attraction précoce tendre, idéalisée.

Ses parents, qui sortaient beaucoup, avaient fait la connaissance d'André. C'était un jeune peintre en pleine ascension, à la conversation brillante et à l'esprit vif. Ils l'invitaient souvent à dîner, prenant pitié de son célibat solitaire. André était un invité charmant, et si au début elle s'était un peu irritée de ses intrusions fréquentes dans leur cocon familial, bientôt elle attendit elle aussi ses visites avec impatience. Avait-il senti ses réticences initiales ? Il s'employa vite à les gommer. Il créait décors et costumes pour plusieurs théâtres parisiens et les invitait en famille, aux générales ou aux premières. Il prit en main son éducation artistique ayant soin de lui faire visiter les expositions en cours en les commentant sans pédantisme. Elle était sensible à ses attentions. Quelle très jeune fille ne l'aurait pas été devant cet intérêt persistant d'un homme jeune et presque célèbre ? De plus, André était beau, s'habillait avec recherche, parlait bien et pour dire quelque chose. Elle était sous le charme. Faisant suite à ce qui lui apparaissait comme l'abandon quelque peu humiliant de Bertrand, l'intérêt que lui portait André lui redonnait confiance en soi et elle pensa bientôt qu'il était lui aussi tombé sous le charme, son charme, qu'il était en train de tomber amoureux. Ils sortaient souvent ensemble sans que cela n'inquiétât ses parents le moins du monde, et elle vivait l'agrément de ces sorties sous le beau regard sombre d'André avec une délectation croissante, toute au plaisir de cette attirance réciproque qu'elle pensait désormais comprendre comme le chemin de l'amour.

Vint un jour où André annonça au dîner, non sans légitime fierté, qu'il allait signer un contrat pour faire sa propre exposition dans une galerie bien située des beaux quartiers. Au milieu des chaleureuses félicitations des parents, elle resta sans voix, mais son regard devait éloquemment traduire son admiration, car André, se tournant vers elle, **demanda** avec douceur si elle aurait un peu de temps à lui **consacrer** pour prépare l'événement. Il espérait que ses études lui en laisseraient le loisir, car, dit-il, il avait confiance en ses talents d'organisatrice et dans le soin minutieux et l'attention au détail qu'elle mettait à faire les choses importantes, alors que lui n'était qu'un artiste brouillon et bohème après tout. Flattée par sa perception de ses talents qu'elle soupçonnait à peine, émue de faire quelque chose d'important pour lui, elle accepta immédiatement avec joie.

Ses cours à la fac lui laissaient bien des heures disponibles qu'elle aurait certes dû passer en bibliothèque, mais c'était le chemin de la galerie qu'elle prenait le plus souvent et le plus volontiers. En effet, il y avait beaucoup à faire pour monter l'exposition. Au fil des jours, André en faisait de moins en moins, se reposant sur elle. Le travail lui plaisait et elle se rendit compte, non sans surprise, qu'elle réussissait fort bien dans cette nouvelle tâche. Le défi qu'elle représentait la stimulait et un frisson d'excitation parcourait son être les jours où elle retrouvait André à la galerie et s'employait à organiser au mieux la présentation de son œuvre. À mesure que le vernissage approchait la pression montait, et avec elle la tension dans le comportement du peintre. Il avait des sautes d'humeur, des moments d'impatience et surtout d'anxiété qu'elle s'efforçait de calmer par une assurance tranquille affichée malgré ses propres angoisses devant l'ampleur de la tâche qu'il restait à accomplir. Depuis quelque temps, un ami d'André venait de plus en plus fréquemment à la galerie et les deux hommes s'enfermaient pour des moments qui lui paraissaient longs dans le petit bureau à l'arrière. Généralement, après les visites d'Élie, André était plus serein et plus gai ; elle s'en sentait soulagée, bien entendu, puisque cela rendait leur travail plus efficace et agréable.

Visiblement pressés d'en finir avant même d'avoir commencé, les ouvriers étaient là pour l'accrochage des tableaux. Elle avait bien son idée sur la question, mais la présence d'André était indispensable d'autant plus que ces hommes pressés ne semblaient guère disposés à prendre leurs ordres d'une femme et encore moins d'une jeune fille. André était invisible, malgré ses efforts pour le trouver. Elle sentait l'impatience des hommes grandir et s'inquiétait, se culpabilisait, de ce hiatus, de son apparente inefficacité qui semblait leur donner raison. Elle décida d'appeler chez André. Elle entra précipitamment dans le petit bureau pour se saisir du téléphone, lui dire l'urgence de la situation et son désarroi croissant. Son regard se posa, ahuri, sur André et Élie enlacés en train de s'embrasser avec une passion qui ne laissait aucun doute sur leurs sentiments. En proie à une violente émotion de surprise et d'incrédulité, elle referma la porte aussi rapidement qu'elle l'avait ouverte mais pas assez discrètement pour qu'ils ne s'aperçoivent de rien. Elle avait vu dans le regard noir d'André se succéder, à une vitesse sidérale, sa propre surprise, l'embarras, la consternation, la peur et la colère. Profondément ébranlée, bouleversée, perplexe, elle comprenait inconsciemment la situation mais ne parvenait pas à la mesurer au niveau conscient. Elle reprenait à peine ses esprits lorsqu'André sortit du bureau, un sourire figé sur les lèvres et lui demanda d'une voix assez mal assurée ce qu'elle lui voulait. Lorsqu'il vit les ouvriers, il n'attendit pas même sa réponse et s'investit d'une manière ostensiblement délibérée dans l'accrochage de ses œuvres. Sa présence n'étant plus requise, il lui parut judicieux de s'éclipser pour prendre la mesure du choc qui résonnait encore en elle. Elle se sentait brisée, la tête prête à éclater.

L'image d'André et d'Élie dans le bureau s'imposait avec force à son imagination. Pendant des mois, elle s'était donc méprise sur les sentiments qu'elle avait attribués à André. Bercée par quelque illusion romantique, elle s'était grossièrement trompée avec une sottise et une vanité certaines sur ses attentions et sur l'intérêt qu'il lui avait ostensiblement manifesté. L'artiste n'avait donc vu en elle qu'un Pygmalion féminin qu'il s'était plu à modeler. Pire encore, elle lui avait servi de paravent social. Il s'était affiché avec elle pour détourner les regards de ses affections véritables. Il l'avait donc utilisée au service de son image sociale. Elle n'avait été qu'un objet, peut-être cher et aimé certes en tant qu'objet, mais son être, sa féminité avaient été oblitérés dans cette chosification. Elle avait été utilisée dans un but purement égoïste. Plus elle y pensait plus elle en était mortifiée, tout autant que de son manque de lucidité et de sa vanité. La vie lui montrait une fois encore la cruauté des illusions amoureuses et la facilité avec laquelle elles naissaient en elle. De petites larmes se mirent à noircir sur le pelage mordoré du léopard.

Sur l'incident, pas un mot ne fut échangé entre André et elle. Elle attendit avec une impatience fiévreuse le vernissage pour ne plus avoir à le rencontrer, ni lui ni Élie, dont le sourire satisfait ne manquait pas de l'exaspérer. Chacun d'entre eux joua son rôle socialement acceptable lors de l'événement qui, elle dut le reconnaître, rencontra le succès escompté. Ils avaient bien travaillé, mais elle savait que le bonheur affiché par André n'était pas seulement dû à son succès artistique et mondain. Et elle lui en voulait, non sans une certaine amertume et une pointe de cynisme, d'être heureux à ses dépens, lui semblait-il, puisqu'il paraissait être à peine reconnaissant de sa discrétion silencieuse.

Comme auparavant, il venait chez eux. Elle s'arrangeait aussi souvent que possible pour ne pas y être. Une fois ou deux, ses parents s'en étonnèrent, mais discrets et respectueux de son intimité, ils renoncèrent vite à aborder le sujet. Bientôt, il fut admis de chacun qu'elle était sollicitée par d'autres engagements. Plus habile qu'elle, André continua pendant un certain temps à prendre de ses nouvelles auprès de ses parents, à s'enquérir de ses activités. Ses propos lui étaient rapportés, mais elle était trop mortifiée pour les penser sincères, et cet intérêt apparent ne fit qu'accroître son sentiment d'amertume envers lui. Le désamour n'était pas loin, amplifié par la blessure d'amour propre. D'ailleurs, avec la fin de l'année universitaire et l'approche des derniers examens de maîtrise, elle devait consacrer plus de temps et d'attention à ses études. Puis elle dut préparer son départ pour les États-Unis où elle passerait l'été avant d'aller commencer des recherches en Angleterre. Il était donc normal qu'elle ait de multiples occupations qui l'éloignaient de la maison, des dîners familiaux, des visites d'expositions, des rencontres…

L'immensité du Middle West se déroulait devant elle, abasourdie par les heures de voyage et le dépaysement. Elle était fatiguée mais excitée à la fois par la découverte de ce pays inconnu et la perspective de ce qui l'attendait sur le campus de cette petite université où elle allait suivre un cours d'été soigneusement choisi pour la préparer à l'aventure encore plus grande de l'année britannique qui suivrait dans l'une des plus prestigieuses universités du monde. Le contraste entre le cœur de Paris où elle avait passé toute sa vie, les murs gris aux fenêtres poussiéreuses, les amphithéâtres lambrissés de bois sombre, les salles de cours dont pelait la peinture beige craquelée, les chaises et les tables désassorties et bancales, les parquets grinçants et fatigués de la vieille Sorbonne, et la ville provinciale aux maisons de bois peintes de blanc émergeant sur de gigantesques pelouses, le campus vaste et propre aux bâtiments clairs, géométriques et trapus, espacés dans un parc aux arbres peu familiers, les salles cossues aux meubles solides et confortables était saisissant. Bien sûr, c'était le Nouveau Monde, mais surtout un autre monde où il faudrait vite trouver ses repères pour se sentir suffisamment à l'aise et pouvoir travailler l'esprit libre. Certes, elle ne s'était pas inscrite ici par hasard ; mais elle n'avait été guidée dans son choix que par des considérations universitaires. Elle ne connaissait personne, et maintenant qu'elle arrivait là, un sentiment de vulnérabilité face à l'inconnu et à la solitude commençait à lui nouer l'estomac. Sa chambre dans l'une des résidences, flanquée de sa douche individuelle, qui lui parut comme le comble du luxe universitaire, était vaste, claire et suffisamment meublée pour être confortable et rassurante. Surtout, la grande fenêtre carrée donnait sur une pelouse généreuse qui se terminait par un petit lac bordé sur l'autre rive par de beaux arbres aux silhouettes variées. Habituée qu'elle était au puritanisme délabré des locaux parisiens, ce cadre évoquait pour elle davantage les vacances qu'une existence de labeur studieux. Elle pensait toutefois que cette vue paisible et bucolique inspirerait probablement son travail si elle plaçait son bureau juste en face, et l'aiderait à accepter l'austérité laborieuse de ses lectures et des devoirs qui ne manqueraient pas de les accompagner.

Marcher tous les matins de la résidence à la cafétéria puis aux salles de cours dans ce cadre paisible, lumineux et verdoyant était un plaisir, même si le souvenir du bus qui longeait les quais de Seine avant de s'engouffrer sur le boulevard Saint-Germain pour la conduire à La Sorbonne ne manquait pas de charme.

Mais l'attrait de la nouvelle persona, vierge du passé, que ce dépaysement créait pour elle était bien réel.

Autre elle devenait et autres les contacts qui se nouaient. Le groupe d'étudiants auquel elle se joignait la plupart du temps était réduit et accueillant, même si leur attitude bruyante et immédiatement familière la brusquait un peu, habituée qu'elle était à l'anonymat quasi général des amphis sorboniques. La camaraderie s'installait vite et au bout d'une semaine ou deux elle n'était plus l'étrangère venue d'un pays lointain, pour ainsi dire de nulle part, à l'accent bizarre et difficile à situer. Elle était suffisamment intégrée à la vie du campus pour ne plus déjeuner seule à la cafétéria ou y prendre café ou jus d'orange entre deux cours. Bavardant avec légèreté ou discutant âprement avec ces jeunes Américains dont le verre de lait et l'accent, à son tour, la surprenaient souvent, elle commençait à se sentir à l'aise. Garçons et filles venaient pratiquement tous de la région. Certains se connaissaient déjà avant leur entrée à l'université et après trois ou quatre années d'études ils formaient une véritable communauté avec son passé, ses petits secrets et ses sous-entendus. Venue de si loin, sa présence, exotique, interrogeait leur curiosité et créait, dans leurs relations bien rodées, une sorte de petit hiatus qu'il leur fallait assimiler ; ce qu'ils faisaient ensemble avec bonhomie et gentillesse. Ils avaient à peu près le même âge mais leur expérience de vie, si différente de la sienne, les lui faisait ressentir, non sans stéréotype certes, comme de grands enfants. De grands enfants roses et souriants, aux dents éclatantes, sportifs musclés et souples, provocants de santé et sans complexe ni trop de réserve. La marijuana commençait juste à investir les gâteaux au chocolat qu'ils dévoraient aussi à belles dents avec un éclat malicieux dans le regard et un chuchotement conspirateur lorsqu'ils lui en offrirent. Son éducation française, qu'elle était loin de penser puritaine, en fut néanmoins quelque peu choquée ; mais la curiosité fut la plus forte, comme d'ailleurs la déception après l'avoir satisfaite. C'était un gâteau au chocolat savoureux mais sur elle sans effet particulier et de ce fait elle mit un point final à l'expérimentation de ce genre d'interdit. Ce qui ne manqua point de les décevoir.

Jim, beau garçon athlétique et souriant, l'invita un soir à dîner. Il vint la chercher dans sa vieille voiture pour aller en ville, un événement en soi après des semaines passées sur le campus. Le menu du *fast food* n'était pas fort différent de celui de la cafétéria mais le cadre un peu plus élaboré lu donnait un petit air de fête. Ils mangeaient en bavardant et s'interrogeant mutuellement sur leur vécu. La camaraderie qui s'installait avec un peu plus de chaleur était agréable et simple. Le retour tardif commença dans cette bonne humeur qui avait coloré la soirée ; mais lorsqu'ils arrivèrent à sa résidence, Jim devint entreprenant, très entreprenant, trop entreprenant. Confrontée à l'insistance du garçon, surprise et consternée, elle se sentit vulnérable, trahie, humiliée et bientôt furieuse. Une légère panique mâtinée de colère s'empara d'elle. Comment osait-il, comment pouvait-il croire que la simple acceptation d'une invitation à dîner pouvait être le moindre signal d'une attraction particulière à son égard ? Pour qui la prenait-il ? Pour qui se prenait-il ? Elle n'avait manifesté rien d'autre que de la camaraderie, sans ambiguïté. Comment pouvait-il imaginer que cette soirée puisse aboutir ne serait-ce qu'à un simple baiser amoureux, a fortiori à une relation physique immédiate ? Elle se débattit avec rage et partit en claquant la porte de la voiture sans même un regard vers un Jim écarlate et furieux lui aussi. Elle passa une nuit agitée et fébrile, perturbée par la tournure bien imprévue des événements.

« Alors, c'était comment ? » La question joyeuse et complice de Sally Ann la tira de sa torpeur hagarde au petit déjeuner. « Horrible ! » « Ah, bon ? Avec Jim ? » sa surprise dubitative et navrée eut raison de sa réserve naturelle, et Sally Ann n'eut pas à la presser longtemps pour lui entendre raconter la soirée. Cet échange se plaça sous le signe d'un étonnement réciproque. Celui de Sally Ann lui fit mesurer l'espace existant entre les mœurs sexuelles des étudiants des deux côtés de l'Atlantique. Elle comprit à son attitude qu'elle avait enfreint les conventions de ce genre de rendez-vous. Il lui parut alors que pour ces jeunes Américains, *dating* était un concept précis, bien établi ; qu'une invitation à dîner devait être interprétée comme une forme de litote. Le désir sexuel étant un appétit aussi naturel à satisfaire que celui pour un hamburger, une soirée au restaurant finissait en l'occurrence tout naturellement par cette intimité plus grande, qui n'impliquait, de part et d'autre, pas plus de sentiment que celui d'un plaisir partagé au même titre que le repas qui l'avait précédé. Peut-être avait-elle l'esprit petit bourgeois, mais cette admission sans fard et sans vergogne de l'équivalence naturelle de tous nos appétits la choquait quelque peu. Son éducation comme ses attachements précédents lui faisaient considérer ces choses sous un tout autre angle. L'acte sexuel sans amour ni même désir réel de l'autre, comme un simple « aliment » naturel du corps, était pour elle difficilement concevable, et certainement pas « naturel ». C'était plutôt de l'ordre de la compromission, du défaut, sinon de la faute. Elle se jura de ne plus accepter d'invitation aussi complète pour les semaines à venir. Sally Ann était perplexe. Sa décision relevait pour elle d'un comportement anormal, complexé, et d'une forme de sabordage social. Elle perçut bien que la réprobation impliquée, dans le ton de la jeune femme, pour cet aspect de leur vie l'avait blessée. Elle sentit à son regard une pointe de défiance dubitative envers l'étrange étrangère qu'elle était. Après un assez long silence, Sally Ann conclut en riant « Eh bien, vous les Françaises, vous êtes vraiment bizarres, surtout avec votre réputation ! Qu'est-ce que c'est alors "le gay Paree ?" Je ne comprends pas. » Devant une candeur aussi crue, elle jugea inutile de s'expliquer davantage.

Les dernières semaines sur le campus furent plus solitaires. Sa mésaventure, ou plutôt celle de Jim, avait dû alimenter la rumeur et, sans ostracisme flagrant, les garçons surtout ne l'abordaient plus autant aux cours ni à la cafétéria. Une légère distance s'était installée. Elle avait régressé dans leur estime par l'étrangeté de son comportement ; elle avait en quelque sorte « triché » et, ce faisant, blessé l'un d'eux. Cela l'attristait bien sûr, car cette légère tension entre eux lui semblait injuste ; mais elle savait qu'elle allait bientôt les quitter, vraisemblablement à jamais. La robe du léopard allait-elle prendre quelques mouchetures plus sombres ? Elle ne le croyait guère, car l'épisode avait été instructif mais pas vraiment essentiel. Pour fêter son départ, ils eurent bientôt une joyeuse soirée, où force bière remplaça le lait habituel et le gâteau au chocolat qui les séduisait tant. Elle sortait de leur vie. Leur cercle allait se refermer sur lui-même. Sally Ann, Sheryl, Tom, Bradley, et Jim tous ensemble, et heureux de l'être, avant qu'ils ne l'accompagnent, entassés dans la voiture de Jim, bon garçon à nouveau, jusqu'à l'aéroport. Elle ne les quittait pas sans un pincement au cœur, sachant avec certitude qu'elle ne les reverrait jamais, car elle n'avait nullement l'intention de revenir dans la région et qu'il était plus qu'improbable, malgré le rituel échange d'adresses, que l'un d'entre eux cherchât un jour à la revoir en France. Aussi vastes soient-ils, les États-Unis ne lui paraissaient être qu'une petite parenthèse, une parenthèse qui ne lui faisait pas ressentir pour ce mode de vie l'attirance fréquente chez les gens de sa génération. L'expérience avait été positive, enrichissante certes, mais elle n'avait été pour elle que cela, une expérience qui avait atteint son but et était maintenant achevée. Ses pensées étaient à présent tournées vers Paris et ses retrouvailles, dans la chaleur de l'ambiance familiale et le plaisir des amitiés de longue date. Et puis, il y avait la suite longtemps attendue, plus ou moins floue, à l'horizon incertain. Cet autre départ qu'elle attendait depuis des années et qui se précisait maintenant.

Pendant les dernières semaines de son séjour américain, elle avait reçu la lettre ardemment attendue qui lui signifiait son acceptation dans un collège de Cambridge pour y poursuivre ses recherches. Cette nouvelle avait sans aucun doute contribué à accepter sans trop de difficulté la froideur relative de ses condisciples et préparer son retour avec une fébrilité joyeuse. Cette brève expérience américaine l'avait-elle vraiment préparée pour la grande aventure britannique dont elle rêvait depuis si longtemps ?

Le collège qui l'accueillait, plusieurs fois centenaire, comprenait des bâtiments de chaque siècle de son existence, mais l'ensemble, loin d'offrir la juxtaposition hétéroclite à laquelle on aurait pu s'attendre, se présentait comme une succession harmonieuse évoquant la continuité historique de ce lieu où les générations s'étaient suivies sans interruption depuis tant d'années ; si bien qu'en traversant ses différentes cours intérieures, un léger sentiment de révérence ne pouvait manquer de saisir la nouvelle arrivante qui venait à son tour y prendre sa place. L'accueil des nouveaux venus était courtois et aimable : elle trouva dans sa chambre une invitation pour un apéritif le soir même chez le doyen. Une vingtaine d'étudiants, venus des quatre coins de l'île ou du monde s'y pressait et, comme elle, découvrait les lieux. Tous préparaient un doctorat sur une diversité de sujets représentatifs des quatre facultés. Après de brèves présentations, les échanges allaient bon train, encouragés par les enseignants présents qui manifestaient à chacun un intérêt bienveillant et curieux. Entre deux verres de sherry et quelques petits fours, après leur avoir officiellement souhaité la bienvenue, le doyen présenta le collège comme un lieu de vie et de travail où l'échange et le partage entre les différentes générations, d'où qu'elles viennent, le sens de la communauté humaine et scientifique étaient le but recherché, l'esprit de l'institution. Après la solitude du voyage et l'inquiétude de l'installation, de tels propos, même quelque peu convenus, étaient agréables et réconfortants. La gentillesse attentionnée de certains *dons* témoignait qu'il ne s'agissait pas seulement d'un discours de circonstance. De petits groupes se formaient déjà pour aller dîner ensemble dans le grand réfectoire du collège aux allures de cathédrale.

Elle n'oublierait pas de sitôt ce premier repas collégial. Son aspect théâtral et pittoresque l'intimidait tout en l'amusant ; il lui semblait être passée de l'autre côté du miroir, dans un monde désuet et pourtant bien vivant. La salle était immense et haute, décorée de portraits plus ou moins austères qui représentaient toute l'histoire de l'établissement ; l'éclairage aux bougies électriques évoquait lui aussi un autre âge. Des étudiants étaient déjà installés à de longues et lourdes tables de bois et à leur arrivée un brouhaha joyeux remplissait la salle. Les nouveaux venus s'installèrent au hasard, là où se trouvaient encore des places libres, se fondant parmi la masse sombre mais joyeuse. Puis un gong résonna, le brouhaha se tut ; seul le bruit des bancs qu'on repoussait fut audible tandis que tous se levaient pour voir passer la procession des enseignants en toge qui venaient s'installer à la table haute, perpendiculaire aux autres et installée sur une estrade au fond de la salle. Lorsque le plus ancien d'entre eux eut récité un bref bénédicité – *Benedictus benedicat* –, tout le monde se rassit et les conversations reprirent. Elle avait déjà observé que les étudiants portaient de courtes toges et sut bientôt qu'il lui faudrait porter, elle aussi, une toge appropriée à son statut de doctorante, si elle voulait pouvoir dîner au collège, ou participer à certaines réunions. Vestige d'une longue tradition, l'étiquette l'exigeait ainsi. Mais elle fut quelque peu soulagée d'apprendre qu'elle n'aurait pas à revêtir cet insigne de sa dignité dans la plupart des circonstances. La nourriture était indifférente, la conversation animée, chacun s'adressant tour à tour à son voisin de droite, de gauche ou d'en face avant que tout ne dégénère à nouveau dans un joyeux brouhaha. *Benedicto benedicatur.* Tous se levèrent ; les dîneurs de la table haute quittèrent la salle en procession. Les étudiants suivirent dans un ordre plus qu'imparfait. Voilà, c'était fait, sanctifiée par ce repas en commun, elle faisait désormais partie de ce collège où elle allait vivre pendant des mois, peut-être même des années. Cette notion de communauté universitaire lui plaisait. C'était bien la première fois qu'elle pouvait ressentir une telle impression d'appartenance après la froideur anonyme de la Sorbonne et la vie somme toute autarcique du campus américain.

La vie universitaire et la vie sociale se mêlaient, en effet, allégrement dans l'agréable fluidité des jours. Bientôt, une sorte de routine s'installait. Bientôt, elle eut un petit groupe de camarades a priori quelque peu hétérogène mais fondamentalement soudé par une vision du monde qui, malgré leurs origines, leurs expériences et leurs études diverses, était proche et justement enrichie de leurs échanges et de cette diversité. Cette vie lui convenait bien. Elle était sereine. Étonnée de cette sérénité, elle s'observait pouvant travailler selon son cœur et son contentement. Tout allait bien. Les rencontres avec son superviseur autour d'un verre et les encouragements qu'il lui donnait sans fard, avec discernement, dynamisaient ses recherches. Elle avait véritablement le sentiment d'avancer. La riche documentation offerte par les différentes bibliothèques, si faciles d'accès désormais, stimulait sa curiosité tout en lui faisant peu à peu découvrir l'ampleur de la tâche qui l'attendait. Mais cela ne la décourageait pas, au contraire, puisque cela augurait de longs mois à passer dans ce lieu béni. Elle ne savait pas encore que cette première étape, la recherche des documents, était la plus facile, la plus exaltante et la moins anxiogène, les difficultés venant ensuite avec la conception de l'ouvrage et sa rédaction qui dévorent la substance de l'être comme le pélican légendaire ses entrailles.

Historienne, elle se plaisait à parcourir les rues et les bâtiments séculaires qui l'entouraient, à écouter les petits chanteurs sous les voûtes aux ogives sculptées des chapelles, sachant que leurs voix angéliques montaient là vers les cieux depuis le Moyen Âge dans les collèges les plus anciens. Parfois, elle entraînait avec elle ses nouveaux amis, ingénieurs, physiciens ou chimistes qui n'auraient pas eu l'idée d'entrer dans ces lieux à l'apparence austère. À leur tour, Helen, Lizzie, Franca, Bob, Josh ou Rob l'emmenaient ailleurs, là où elle n'aurait peut-être pas exploré seule : la rivière où s'entraînaient les rameurs de bon matin, où à la tombée du jour sur les berges herbeuses résonnaient les guitares, les terrains de sport pour soutenir l'équipe de hockey, de rugby ou de la crosse. Si les filles préféraient les soirées musicales au bord de la rivière ou dans les repères d'étudiants, les garçons étaient souvent prêts à rivaliser d'adresse pour elles à la manœuvre d'une *punt* derrière les collèges dans la lumière de ce premier automne, même si l'eau froide dégoulinait le long de leur bras fermement accroché à la perche. Bob, le Canadien à l'opulente chevelure flamboyante, rameur assidu, toujours prêt aussi à être au bord de l'eau, l'invitait souvent à lui tenir compagnie tandis qu'il entretenait avec soin le fond d'un skiff ou d'un huit. Dans sa petite MG Rob l'Écossais la conduisait hors les murs, aux matches ou à la découverte des pubs bien cachés dans l'humidité odorante des *Fen*s alentour, longues virées, escapades détendues non dénuées d'une excitation certaine. Josh, l'Américain philosophe, préférait leur préparer un *brunch* ces dimanches matin où tout semblait encore dormir dans la petite ville, après une semaine où ils avaient plus ou moins intensément travaillé.

Peu à peu, les trois garçons se mirent à lui faire une cour, discrète lorsqu'ils étaient ensemble, mais sur laquelle elle ne pouvait pas se méprendre. Lorsqu'elle s'en aperçut, elle en fut flattée et gênée à la fois, car elle les aimait bien tous trois et ne voulait pas se priver de leur amitié. De plus, instruite par son expérience américaine, bien que sachant qu'elle ne risquait pas ici le même genre de mésaventure, elle était sur ses gardes. L'intensité du regard bleu, adorateur de Bob la touchait et l'embarrassait tour à tour, incapable qu'elle était d'y répondre. Avec Josh, les choses étaient simples. Son apparente désinvolture permettait d'adopter une attitude comparable de détachement qui n'engageait à rien. Elle se montrait plus sensible au charme de Rob dont les boucles brunes lui rappelaient Bertrand. Sportif et vif, Rob savait aussi la faire rire. Son humour, apprécié de tout le petit groupe, la touchait par ce qu'il cachait de sensibilité réprimée.

Après un hiver sombre, humide et glacial, favorable aux lectures dans le refuge attrayant de la grande bibliothèque, vint le printemps. Parcs et jardins se couvraient de petites taches de couleurs vives et Cambridge ressemblait davantage au fil des jours à une tapisserie aux mille fleurs. Les promenades s'allongèrent avec les jours et l'intimité entre elle et Rob devint plus profonde et plus visible aussi. Bientôt, ils furent inséparables. Les autres, ayant compris, se firent plus discrets. Elle sentait ses sentiments pour Rob s'intensifier. Cette fois, elle en était sûre, elle était vraiment amoureuse, et presque sûre aussi des sentiments du jeune homme. Un soir qu'ils rentraient seuls d'un concert au bord de la rivière, il la prit soudain dans ses bras alors qu'ils traversaient le petit jardin Renaissance de Trinity Hall et l'embrassa avec tendresse. Elle répondit ave la même tendresse. Ils restèrent un long moment enlacés, échangeant un regard intense et pénétrant qui se prolongeait, éloquent, sans un mot. Puis il la prit fermement par la main. Elle l'accompagna jusqu'à sa chambre, le cœur battant, appréhensive mais déterminée, percevant son désir et le sien qui y répondait.

Au bout de quelques semaines, ils se mirent à chercher un logement pour la prochaine année universitaire. Très vite, un minuscule appartement sur King's Parade, avec vue sur les clochetons victoriens du portail de King's qui cherchaient vainement à faire écho au superbe gothique de la chapelle voisine, la séduisit et l'affaire fut conclue. Ils y posèrent leurs cartons et valises avant de partir en Écosse voir les parents de Rob. Ceux-ci lui firent bon accueil. La visite fut agréable. Cependant, pressés de retrouver Cambridge et d'entrer dans leur vie de couple, ils ne s'attardèrent guère.

L'installation terminée, l'été, studieux, apporta aussi la découverte de la vie à deux. Elle passait maintenant de longues heures dans l'appartement. Les affres de l'écriture provisoirement tempérées par le spectacle de la rue dominée par l'élégance de la chapelle qui la ravissait toujours autant. Rob était de plus en plus occupé par ses recherches au laboratoire, si bien que la séparation du jour, pour longue qu'elle ait pu leur paraître, était commentée en détail lors de leurs retrouvailles du soir, de plus ne plus tardives. Le temps qui s'était écoulé avec une douce lenteur, jour après jour, les mois puis les deux années passant, s'accélérait avec la pression croissante de l'achèvement qui les gagnait peu à peu après cette longue période d'inconscience. Les deux thèses devaient être rédigées dans les délais imposés par l'université. La communion entre eux devint alors plus imparfaite, préoccupés qu'ils étaient de réussir et inquiets de l'avenir. Mais la communauté de leur angoisse semblait aussi inconsciemment les rapprocher, accroître leur solidarité malgré les tensions inévitables.

La fin de la thèse n'était pas en soi la seule interrogation. Elle signifiait aussi un changement de vie pour chacun et pour eux. Qu'allait-il advenir de leur couple ? Rob devait passer une année de postdoc au Canada et elle regagner Paris dans l'attente d'un poste d'assistante. Avant d'avoir tous deux remis puis soutenu leur thèse, ils évitèrent d'en trop parler, bien que cette inquiétante incertitude hantât le fond de leur pensée. L'ordalie universitaire passée, lorsqu'ils purent en parler librement, ils en vinrent à la décision que Rob partirait et, quelle que soit l'issue de sa propre quête – et sachant que si toutefois elle avait alors obtenu le poste recherché, elle ne pourrait l'occuper qu'à la rentrée suivante –, elle irait le rejoindre à Noël. Confronté à cette anxiété de séparation, le léopard, abandonnique, vit son pelage tout entier se moucheter de minuscules taches.

Il n'y eut pas de Noël cette année-là. Le verglas canadien en décida autrement. La voiture de Rob quitta la route pour aller s'encastrer dans un arbre. Elle ne sut jamais s'il était mort sur le coup ou s'il avait agonisé pendant des heures dans la solitude blanche des grands espaces déserts. Elle entra, hébétée, dans une nuit sans fin, un hiver perpétuel qui glaçait et son âme et son corps. Tous deux se recroquevillaient pour échapper à tout contact avec le monde extérieur et se refermer sur son insondable douleur, ce vide lourd et déchirant qui avait envahi tout son être. Enfermée dans une brume ouateuse, elle n'entendait plus le monde autour d'elle, avait perdu jusqu'au « goût du pain ». Tout était figé, incolore, inodore et sans saveur. Seules des larmes noires coulaient de ses yeux sombres et se fixaient sur sa peau. Sa douleur, plus profonde et plus insondable encore que le trou noir au cœur de l'univers lui laissait un sentiment d'éternité sidérale et, au plus profond de l'être, d'immensité vide et creuse.

Pourtant elle n'était pas morte. Elle dut se rendre à l'évidence : elle ne mourait pas non plus. Sa vie perdurait malgré elle. Refusant l'hospitalité comme la sollicitude de ses parents, elle prit un petit appartement dans un quartier parisien central mais sans joie. Le moment venu, cédant à la raison, elle déposa mécaniquement sa candidature au poste pour lequel elle s'était préparée pendant des années, mais qui maintenant lui paraissait bien vain. Elle l'obtint et l'occupa sans enthousiasme. Elle souffrait trop pour savourer le moindre sens d'un accomplissement, ni vouloir retrouver des amis et s'ouvrir aux autres.

Vint un temps cependant où elle se dit qu'elle avait trop souffert. Trop souffert aussi pour vouloir prendre le risque de recommencer. Plus jamais cet accueil de l'autre qui rend si vulnérable. Plus jamais pour elle la passion, de quelque nature qu'elle soit. L'éloignement de l'affectif était peut-être une mutilation, mais elle préservait d'une douleur potentielle plus grande ; se refermer sur soi permettait de se préserver de cette forme de souffrance intense. Elle reprit peu à peu, sans appétit, une vie sociale et mondaine, normale selon les apparences. Tous se sentirent rassurés de la voir à nouveau sortir et parler ; mais elle se sentait morte. Et si elle donnait le change, elle prenait soin de se fermer à tout contact qui aurait pu devenir intime. Elle travaillait beaucoup et bien, y trouvait quelque satisfaction. Avec le temps, un certain calme s'installa en elle, une forme de sérénité qui lui permettait de continuer à vivre. Elle était jeune, intelligente, attirante. Plusieurs hommes jeunes ou moins jeunes tentèrent de l'approcher et de la séduire. Ils durent vite se rendre compte que malgré leurs efforts et leurs bonnes intentions, ils ne parvenaient pas à faire naître dans son regard cette petite lueur particulière, intense et profonde, qui aurait répondu à leurs attentes. Elle était agréable, amicale, éventuellement chaleureuse, mais restait insensible à toute suggestion d'attachement amoureux. Parfois, ils pouvaient lire dans son regard une sorte de compassion face à leur propre ardeur ou au désir qui se lisait dans leurs yeux. Cela les humiliait un peu, et, généralement, ils se lassaient assez vite.

Des années, des décennies même, passèrent ainsi.

***

Et puis tu es arrivée, alors qu'elle n'attendait plus rien, que tout semblait entrer dans la paix de la fin. Un embrasement de l'être dans ses profondeurs intimes qui terrifie et émerveille à la fois. Et le léopard de s'interroger avec angoisse, pour savoir s'il allait laisser naître et s'intensifier dans son regard la petite lueur particulière, changer ainsi les ocelles de son pelage pour la robe noire et lustrée de Bagherra, la panthère, et connaître la métamorphose d'une vie nouvelle, ardente encore et passionnante, plus secrète aussi.

« Mais ça, c'est une autre histoire… »

Rekhti

Rekhti : en littérature ourdoue, poèmes écrits par des hommes ou des femmes, sur les relations passionnelles que celles-ci entretiennent entre elles.

Dans mon rêve, tu me disais « je t'aime ».
Tes baisers et tes gestes étaient légers et doux.
Leur tendresse auréolait tout mon être.
Nimbé de cet amour, il chantait la beauté
Du ciel, comme l'harmonie secrète de la terre.
Mais ce n'était qu'un rêve.

Les pivoines de Boboli

Au fond des jardins, sur la colline, une fois dépassé le bassin de Neptune, les gravillons crissants et chauds vous portent jusqu'à la terrasse déserte qui surplombe une vaste étendue sauvage en contrebas où moutonne au printemps une surabondance de verdure sauvage aux multiples nuances. L'élégante et sobre verticalité du petit pavillon du XVIIIe siècle abritant porcelaines et faïences se trouve contrebalancée par les trois parterres de pivoines qui occupent l'ensemble de l'espace. Rouge sang tirant sur le violacé, profond et chaud, les pivoines captivent non pas tant par leur beauté que par leur parfum subtil et pénétrant ondoyant au gré du vent de Toscane.

C'est là que j'aime m'installer, loin des touristes qui rechignent à parcourir les longues allées sous le soleil de mai et se privent ainsi des sensations délicieusement contrastées que procure ce lieu unique. Accoudée à la balustrade de pierre, je parcours du regard l'étendue verdoyante dont la fraîcheur repose les yeux et l'âme tandis que mes narines hument l'odeur délicate et enivrante des fleurs par centaines mêlée à celle, plus légère et subtile encore, de l'eau qui s'exhale de la terre dans la chaleur de la fin du printemps. Ensorcelé par ce double plaisir qui abolit le temps, mon esprit s'attarde tantôt en moments de pur délice tantôt en rêveries plaisantes et douces, ou en ruminations plus sombres sur ce qui m'a ainsi conduite jusqu'à ce séjour florentin solitaire.

Le romantisme n'est pas mort en cet âge de fer, quel que soit celui du contemplateur. Sous l'azur éclatant de lumière, chacune des pivoines se ploie à l'unisson, chacun des pétales semble saigner son parfum comme un seul cœur palpitant dans la brise douce et tiède. Semblables aux doigts qui se referment sur un précieux trésor au creux de la main, les pétales se resserrent autour du cœur fragile de la fleur. Jusqu'aux fibres du mien pénètre leur fragrance délicate, plus subtile que celle de la rose : moins suave et moins apaisante, elle y éveille un tumulte d'émotion et d'émerveillement qui donne à ces fins d'après-midi une saveur d'éternité quelque peu nostalgique à laquelle je n'étais plus habituée depuis longtemps.

Ce présent délicieux où l'être se laisse imprégner des sensations multiples, délicates et profondes que procurent la chaleur lumineuse du soleil et la caresse du vent, ce présent d'éternité où l'on se sent vivre dans toutes les fibres de son corps, n'a pourtant qu'une existence bien éphémère dans la mesure où il déclenche si vite une résonance de souvenirs d'un monde antérieur, d'un passé où se sont mêlées les mêmes sensations de bien-être à des sentiments plus intenses et plus dérangeants. Auprès de ces pivoines plus jeunes d'un an, j'éprouvais une paix joyeuse en sa compagnie, lorsque nous étions là, émerveillées par la découverte de notre exquise complicité, de notre solidarité profonde et secrète face au défi sans indulgence du monde extérieur. Ici, j'avais été heureuse, et je pense elle aussi, dans ces brefs instants de reconnaissance mutuelle, deux moitiés d'orange enfin réunies sous le soleil toscan. Ou du moins, nous le croyions.

Le retour sur ce passé heureux, s'il induisait une rêverie plaisante, n'était cependant pas sans risque. Les pivoines de Boboli avaient exhalé un parfum de plénitude affective, mais son évanescence s'harmonisait à celle des sentiments. Fugitive illusion d'union détruite par de brèves et rudes paroles, portées par un vent mauvais dans une ville du Nord, loin de cette terrasse accueillante et paisible. Cette terrasse où maintenant, seule, je me laisse aisément gagner par des ruminations mélancoliques lorsque le passé envahit l'avenir, laissant peu de place à la jouissance pourtant réelle du moment présent.

***

Ce n'était pas Marienbad, mais l'appartement de mes hôtes dans un vieux palais florentin avait regroupé ce soir-là une petite foule d'artistes et d'amateurs dont la conversation, tantôt en italien, en anglais ou en français, semblait flotter autour de moi comme une mélodie dont je ne captais que des fragments. Je venais de finir quelques phrases dans un petit groupe de vagues connaissances sur les itinéraires toscans d'un romancier anglais dont je recherchais les traces, lorsque je surpris un regard long et pénétrant posé sur moi. Je ne détournai pas les yeux et ce regard insistant, profond, accompagné d'un sourire s'éternisait, me sondait jusqu'au fond de l'être. Personne ne m'avait regardée ainsi depuis bien longtemps, et mes yeux s'étaient accrochés aux siens. Mon sourire devint le reflet de celui dont la douceur ajoutait tant d'éclat à la profondeur du regard. Sans savoir comment, par un mouvement involontaire ou inconscient, je me trouvai bientôt le dos au mur, pour découvrir que nous nous tenions par la taille, signe de reconnaissance, comme une poignée de main qui scelle une alliance. Dans un tumulte intérieur éclairé d'un petit rayon de joie, je vécus la fin de la soirée d'une manière encore plus étrange, plus onirique, que son commencement.

Toujours souriante, Katharina se proposa pour me raccompagner à mon hôtel. Presque en silence nous fîmes les quelques centaines de mètres qui nous en séparaient. Nos pas résonnaient à l'unisson sur les vieux pavés et un sourire intérieur s'épanouit pour flotter dans la nuit autour de nous. Elle viendrait me chercher le lendemain, elle me conduirait à San Miniato et au palais Pitti, prolongeant ainsi mon pèlerinage littéraire pour me faire découvrir d'autres lieux qui en étaient absents.

Dans la pureté du matin, la blancheur presque lisse de San Miniato étincelait sur la colline encore désertée. Certes, ce n'était pas la beauté rougeoyante du coucher de soleil que Lucy Honeychurch voulait y admirer, mais cette lumière fraîche donnait un éclat particulier au panorama de la ville qui s'étendait à nos pieds, la blancheur des maisons, l'ocre orangé des toits se détachait sur le camaïeu de verts du sol et des arbres parmi lesquels les cyprès effilés et sombres perçaient le bleu du ciel. Le charme de Florence faisait naître en moi une exultation douce et un sentiment de plénitude esthétique que je souhaitais préserver au-delà de l'instant. À mes côtés, je sentais le même sentiment de bonheur émaner de Katharina ; je compris qu'elle n'avait pas seulement ni vraiment voulu servir de guide à une inconnue rencontrée au hasard d'une soirée et dont les propos avaient peut-être attiré son attention, mais, plus profondément, faire partager une émotion réelle et intime devant un paysage qui lui était cher et qui signifiait beaucoup pour elle. Cette générosité me toucha sincèrement, et lorsqu'elle suggéra ensuite d'aller visiter le chantier sur lequel elle travaillait, j'acceptai volontiers puisqu'elle ouvrait ainsi une nouvelle porte qui menait vers elle.

À quelques kilomètres de San Miniato, sur une autre colline plus haute, se trouve une noble villa ancienne, isolée dans son parc encore abandonné, mais l'esprit du lieu se laisse percevoir et ne demande qu'à s'épanouir à nouveau. Restaurant fresques et mosaïques dans de hautes pièces aux proportions élégantes, Katharina contribuait alors à cette renaissance. Elle me fit visiter l'ensemble, expliquant ce qu'elle avait fait et ce qu'il restait encore à mettre en œuvre, ce que tout cela représentait pour elle, sa fierté quasi maternelle pour ce lieu qu'il faudrait pourtant quitter bientôt. L'empathie que j'éprouvais pour la passion de l'artiste me rapprochait encore de la femme qui investissait ainsi ces pierres presque mortes de sa vitalité comme de son talent et les ramenait peu à peu avec patience et détermination vers le monde d'aujourd'hui. La loggia qui donnait sur la campagne était magnifique et la mince silhouette de ma compagne à la coiffure de page transformait en un tableau de la Renaissance avec ses jeux d'ombre et de lumière cette pièce ouverte sur le parc sauvage, les pins et les cyprès dans le lointain. J'étais sous le charme de cette femme et de son œuvre et je me laissais porter par ce sentiment léger et naturel de bien-être et de découverte.

Lorsque nous arrivâmes au palais Pitti, l'après-midi touchait presque à sa fin. Nous avancions à pas lents dans les salles chargées d'histoire et d'œuvres d'art, mais le but de Katharina étant de me faire découvrir les jardins, nous ne nous attardâmes guère. Les longues allées étaient maintenant presque désertes. La promenade, joyeuse et amusée, ponctuée par la vue des statues et des rocailles nous entraîna jusqu'à l'ultime terrasse sur la hauteur qui s'ouvrait comme un petit jardin séparé rempli par des parterres de pivoines d'un rouge intense et sombre comme je n'en avais alors jamais vu. Je fus saisie d'une émotion joyeuse et admirative pour ce lieu inattendu, car les jardins du palais ne m'avaient pas préparée à une telle profusion de fleurs au parfum aussi enivrant dans sa subtilité. Dans le regard lumineux de Katharina, je vis la joie à ma réaction et le sentiment de m'avoir introduite dans un espace privilégié de ses émotions, de son propre amour pour ce jardin particulier. Nous regardions au-delà du parapet, humant avec délice l'air embaumé du soir tombant. Soudain, délicatement, elle me prit par le cou ; ma tête tomba naturellement sur son épaule. Nous ne disions rien, mais ce moment de partage suffisait à exprimer notre sentiment d'union. En silence, sans nous regarder, comme ceux de deux enfants bouleversés par le tumulte du monde, nos bras s'enlacèrent dans un mouvement protecteur et doux. Étreinte forte et longue, moment de réassurance et de plénitude, d'oubli aussi, d'oubli de soi pour l'autre, qui embrasse tout l'être avec tendresse et profondeur. Toujours en silence, sans un regard mais, pour ma part du moins, dans une intense turbulence intérieure, nous redescendîmes vers le palais, la ville et les fracas du monde.

De retour à mon hôtel, j'invitai Katharina à prendre un verre en la remerciant de cette journée exceptionnelle. Nous ne parvenions pas à nous quitter et ce verre fut suivi de bien d'autres, accompagnés de récits et de confidences mutuelles jusqu'au petit matin. La douceur de sa voix colorée d'un soupçon d'accent qui donnait ses trois syllabes à mon nom agissait sur moi comme un charme. J'observais son visage où la grâce d'un sourire généreux et jeune encore l'emportait sur les minces sillons laissés par les pleurs contenus et les dents maintes fois serrées d'un passé difficile. Ce soir-là, si nos corps restèrent pudiques et sages, nos âmes se dévoilèrent et se touchèrent un moment ; ce contact, plus compromettant encore, devait laisser une empreinte profonde sur notre relation et nous marquer pour longtemps.

La vie n'avait été facile pour aucune de nous de manière bien différente ; mais l'est-elle jamais pour quiconque se trouve doté d'un minimum de sensibilité et d'intelligence ? J'étais émue par ce destin de femme longtemps battue et maintenant emprisonnée dans une nouvelle liaison qui la laissait cependant dans une grande solitude affective et bridait sa créativité, sa liberté d'artiste, par de multiples exigences et contraintes égoïstes. Elle semblait en mesurer la qualité destructrice sans pouvoir, sans vouloir, y échapper ; sa résignation malgré sa lucidité me bouleversait et me révoltait à la fois. Albatros baudelairien auquel j'aurais voulu pouvoir rendre ses ailes, Katharina était en train d'entrer dans ma vie et d'y créer une atmosphère confuse où se mêlaient amour, exultation, attendrissement, compassion et tristesse.

Lorsqu'elle me quitta pour aller rejoindre le compagnon toxique qui contrôlait sa vie, je me retrouvai pour ce qui restait de l'aube, sans sommeil, et seule pour quarante-huit heures. Deux jours d'agonie, où hantée par son être, je ne connus pas un instant de paix. Plus qu'une zone de turbulence je devais affronter une souffrance aiguë, physique, une peur viscérale qui me lacérait. Je sentais que j'étais au seuil d'une aventure que la profondeur et l'intensité des émotions rendaient incontrôlable. Si aventure il y avait, ce n'était pas au sens banal et érotique du terme, mais à celui de l'aventurier qui, se risquant en territoire inconnu et dangereux, ne s'expose qu'à une seule donnée certaine, sa propre vulnérabilité. J'avais si peur que je voulais fuir et pourtant je voulais aussi rester près d'elle, l'aider à s'affranchir de ces entraves à son talent que la mesquinerie d'un homme dépourvu d'imagination se plaisait à dénigrer.

Après ces deux jours d'isolement, d'instabilité émotionnelle et de souffrance, la peur viscérale qui m'avait torturée s'était enfin apaisée ; ma résolution était prise. J'avais accepté la situation et je me sentais prête à voir éclore cette relation inattendue, inespérée, à la poursuivre jusqu'où elle nous mènerait, si, bien entendu, Katharina le souhaitait aussi. J'étais prête à reconnaître, voire avouer, mes sentiments, leur intensité et leur profondeur sans chercher à me protéger. La confiance qui s'était éveillée lors de cette soirée mémorable était absolue tout comme l'amour inconditionnel qui en était né. Mais qu'en était-il pour elle ? Le sentiment que j'éprouvais était dénué de tout égoïsme, je ne voulais d'elle que ce qu'elle voudrait bien, spontanément, donner sans que je demande quoi que ce fût. Ce serait ce don, libre et volontaire, qui en ferait pour moi le prix. Je ne me battrais pas pour obtenir ce que je pourrais désirer. Ce que je voulais contribuer à lui donner était ce qui comptait le plus à mes propres yeux : la liberté. Mon bonheur serait d'alléger le poids des contraintes qui pesaient sur son existence. Amour inconditionnel, confiance sereine et certitude du partage, voilà ce que je recherchais auprès d'elle et ce que les heures miraculeuses de cette nuit m'avaient laissé entrevoir. Parmi les mille et une formes d'amour possibles, celle-ci me paraissait si différente de l'amour des hommes d'où, en dépit de la tendresse et de la sincérité, les dimensions de pouvoir et de possession ne sont jamais totalement absentes. J'avais moi aussi connu la vie de couple, j'avais aimé les hommes, des hommes, et je savais qu'auprès d'aucun d'entre eux je n'avais connu cette légèreté d'être, ce dévoilement de l'âme que ma rencontre avec Katharina avait rendu possible. Avec eux, l'ombre de la possession planait toujours plus ou moins ouvertement sur l'intimité de la relation. Je savais que ce ne pouvait être le cas ici, maintenant que je m'étais délivrée de l'agonie, du bruit et de la fureur qui m'avaient saisie lorsque je prenais conscience des sentiments en train de naître.

Je retrouvai Katharina quelques jours après ce week-end de tumulte et de souffrance. Je lui dis mon trouble. Elle me prit dans ses bras. Notre longue étreinte, silencieuse de ma part, fut accompagnée d'un petit éclat de rire étranglé de la sienne. M'avouant sa propre peur elle demanda un peu de temps pour s'habituer et s'engager ainsi dans une amitié amoureuse qui nous rendait toutes deux vulnérables face à nous-mêmes et au monde.

Nous nous voyions presque tous les jours dans des réunions et des soirées plus ou moins mondaines. Je m'inscrivis aux cours de dessin et d'histoire de l'art qu'elle donnait aux femmes de la bourgeoisie florentine. Dans cette vie sociale, je l'observais avec amusement et tendresse, et vivais ces moments de complicité tacite comme un privilège.

Nous dînions parfois en tête à tête dans divers petits restaurants que nous aimions et où il était peu probable de voir des visages connus. Nos conversations étaient riches et sans fin, car il nous était difficile de nous quitter après ces moments d'intimité où le récit entrecoupé de nos passés respectifs ou de notre vie présente nous menait à une connaissance plus grande et surtout plus affectueuse de l'autre. Nous étions bien ensemble et tout semblait à ces moments-là être simple, naturel et léger.

À regret, je vis approcher le temps pour moi de regagner Paris. Une dernière fois, nous retournâmes humer les pivoines de Boboli et communier dans la jouissance de leur odorante beauté. L'ombre de l'inconnu qui allait peser sur notre relation ajoutait à mon sentiment de tristesse nostalgique. La séparation devait pourtant être brève car l'automne ramènerait aussi Katharina sur les bords de Seine. Mais comment allait évoluer notre intimité naissante avec l'éloignement ?

Pendant quelques semaines, nos e-mails et nos échanges téléphoniques suivirent la teneur et l'intensité de nos conversations florentines. La même proximité, le même partage, la même tendresse attentionnée pour l'autre s'y lisaient entre les lignes comme dans les mots eux-mêmes. Je les attendais avec une impatience certaine mais qui n'était pas fébrile car j'étais confiante et sûre de sa loyauté. Il me semblait que ce nous avions vécu ensemble à Florence était trop profond et trop vif pour ne pas être sincère et constant, du moins si j'en jugeais par mes propres sentiments et ceux qui s'exprimaient dans les mails de Katharina.

Pourtant un soir, l'un d'entre eux renversa cet édifice lumineux d'espoir et de certitude. Katharina annonçait qu'elle avait réfléchi, qu'elle se sentait incapable des exigences d'une telle amitié dont l'intensité et la profondeur ne faisaient qu'apporter le trouble dans sa vie et que désormais elle ne souhaitait simplement voir demeurer entre nous qu'une relation mondaine dépourvue de cette intimité qui à mes yeux en avait fait le prix. Elle allait rentrer à Paris et demandait à me rencontrer pour une dernière explication sincère et franche, selon ses termes. La stupeur et la consternation passées, je compris dans la douleur qu'étant donné la nature de mon amour pour elle, de ce que j'avais voulu pouvoir lui apporter, je m'inclinerais sans chercher à lutter. C'était son choix, sa liberté, et malgré la blessure si douloureuse qu'elle m'infligeait ainsi, je ne pouvais que les respecter si je voulais moi-même être fidèle à mon idée de notre intimité. La mémoire de mes deux jours d'agonie après notre rencontre me fit interpréter ceux-ci comme prémonitoires. J'avais souffert alors en préparation de cette souffrance présente qui allait imprégner ma vie à l'avenir.

Qu'aurais-je pu faire pour éviter tout cela ? Refuser, dès Florence, la main tendue et les bras accueillants ? Me retirer, comme si souvent depuis des années, dans ma tour d'ivoire, forteresse protectrice mais mortifère par certains de ses aspects ? Si la rencontre de Katharina me faisait tant souffrir, elle m'avait aussi apporté bien des moments heureux, m'avait ouvert des portes d'émotions et de sentiments sur d'autres mondes qui avaient enrichi ma vie ces derniers mois. Tout se paie, surtout les moments de bonheur, et ne pas accepter cet échange, c'est s'entraîner à mourir ou être déjà virtuellement mort.

La rencontre dans un bistrot du Quartier latin fut une nouvelle épreuve ; elle s'éternisa au-delà de la décence. Une fois encore, nous ne parvenions pas à nous quitter. Katharina ne cessait de parler pour justifier sa décision. Niant l'intensité des sentiments qu'elle avait manifestés autrefois, elle affirmait sa certitude de ma propre possessivité, sa crainte d'une emprise que je voudrais exercer sur elle, sûre que je ne chercherais qu'à la dévorer de mon amour jusqu'à la destruction. J'étais atterrée qu'elle pût se méprendre à ce point, persuadée pour ma part depuis notre rencontre que justement la beauté de celle-ci se trouvait dans la compréhension totale et inconditionnelle des sentiments et des intentions de l'autre. Confrontée à cet afflux de mots durs et froids qui sonnaient creux et que pourtant je recevais comme autant de coups, je ne pensais plus qu'à partir, sans pouvoir briser là cette conversation interminable qui n'en était pas une. Que dire en effet face à un tel rejet, un tel déni d'un passé qui, en toute certitude, avait été chaleureux et intime, à une telle méfiance, une telle méprise qui rabaissait l'une en lui prêtant des sentiments finalement assez vils et l'autre pour les avoir imaginés possibles ?

La mort dans l'âme, je survécus les jours suivants. Je poursuivais mes diverses activités dans un cauchemar éveillé, comme une somnambule, hantée par son image et sa présence qui ne me laissaient aucun répit. Je ne pouvais plus la chasser de mon esprit. Le moindre détail de la vie quotidienne me ramenait sans cesse à un souvenir d'elle. Ce harcèlement de la pensée me déstabilisait malgré mes efforts de normalité au point que, victime de mon idée fixe, mon esprit partait à la dérive et je crus que j'allais en tomber malade.

Lorsqu'enfin ce bouleversement intérieur connut une accalmie et que je me retrouvai seule avec moi-même, je tentai de donner du sens aux dernières heures passées face à face plutôt qu'ensemble. Je changeai de perspective sur cette rupture. Ce n'était peut-être pas, après tout, un rejet, un non-amour aussi net qu'il y paraissait à première vue. J'en vins à la conclusion hasardeuse que tout cela n'était finalement pas réel. Au sens où, selon ce que je ressentais intuitivement ce n'était pas « vrai ». Les mots de Katharina ne traduisaient la réalité ni de son être ni de sa pensée ; dans sa bouche autrefois souriante et tendre, ils avaient sonné non pas réalistes et objectifs, mais faux et forcés. Ce n'était pas « vrai » que cette relation ne représentait que quelque chose de banal pour elle. Ce n'était pas « vrai » qu'elle n'éprouvait pas d'attirance à mon égard. Ce n'était pas « vrai » qu'elle ne m'aimait pas et ne m'avait jamais aimée, ce n'était pas « vrai » que seul le hasard d'un soir avait créé un lien entre nous et qu'il fallait maintenant passer outre. Ce que je ressentais me disait au fond de moi qu'elle refusait de poursuivre notre relation justement parce qu'elle était « vraie » et que cela lui faisait peur, comme j'avais eu peur moi-même au tout début. Il me semblait alors que la vérité était bien que Katharina, à tort ou à raison, s'y sentait en danger et voulait s'en protéger à tout prix, y compris celui de la perte. Qu'elle me quitte par indifférence ou par peur ne changeait cependant rien en pratique à sa décision. Si elle ne souhaitait plus me voir, je me devais de respecter son désir. Si je restais fidèle à ma conception de notre relation, il fallait m'incliner devant son choix, aussi douloureux fût-il pour moi. Pourtant, je ne me leurrais pas tout à fait : ce que je voyais de noblesse dans l'altruisme de ma décision était probablement aussi un moyen de recouvrer une certaine estime de moi-même, de panser un ego non totalement dépourvu d'orgueil. Elle me permettait aussi de préserver une belle image de cette rencontre fortuite et unique dans son essence comme dans ma vie.

Les semaines, les mois passaient. Toujours habitée par sa présence j'alternais entre périodes de douleur aiguë et journées de divertissement pascalien. Je croisais Katharina ici ou là, dans différentes réunions littéraires et artistiques. Sa vue m'apportait une souffrance délicieuse que je préférais à une absence absolue. Nous évitions de nous frôler, de nous parler ou du moins de nous retrouver seule à seule, mais dans ces rencontres mon regard avait la faiblesse de la chercher toujours.

Malgré quelques phases critiques, le volcan sourd de mes émotions se calmait peu à peu. Peu à peu, la vie devenait moins insupportable ; je me tâtais pour voir où je n'avais plus mal. Je me sentais marcher à petits pas vers la guérison. Les mois passèrent, loin de Florence et des pivoines de Boboli que l'enchaînement des saisons avait sans doute grillées puis rendues insignifiantes, ternes et sans parfum, sinon invisibles, en attendant le renouveau de la chaleur du printemps. Avec lui, je repartis non pas en pèlerinage mais en mission, à Florence une fois encore.

Après mes journées de travail, je reprenais volontiers le chemin du palais Pitti que j'explorais cette fois en détail. La terrasse au fond des jardins m'attirait toujours autant et j'observais avec un attendrissement quelque peu nostalgique la croissance des pivoines. Dans les premiers temps, je ne vis que des boutons, gros comme de petits choux de Bruxelles, d'un vert tendre, lisses et cireux, sans parfum et sans intérêt. Puis ils grossirent et changèrent d'aspect, s'assombrissant et tirant vers un brun mat teinté de rouge à mesure que la forme des pétales devenait visible sous l'épaisseur superficielle, semblables tout d'abord à des doigts repliés sur la fragilité du cœur, prémices de beauté et de senteur proches. Un après-midi, je découvris enfin les premiers boutons ouverts, et me penchant sur eux, je sentis à nouveau l'exquis parfum de la fleur, faible encore mais perceptible, comme une promesse.

***

Les pivoines offrent à présent leurs fins pétales déployés ébouriffés par la brise. Chaque jour, une nouvelle couche s'ouvre et change l'aspect de leur vivante beauté. Les fleurs épanouies par centaines me laissent m'enivrer de leur fragrance pendant les fins de journées chaudes et radieuses d'un mai florentin. Je savoure donc ces instants délicieux où la conscience se dilate pour n'être plus qu'un avec l'air embaumé et le rouge profond des pivoines dont l'intensité évoque aussi pour moi la vulnérabilité d'une blessure ouverte exposée au monde. La soirée est douce dans la solitude de la terrasse, la paix intérieure s'installe peu à peu dans ma conscience, le silence n'est brisé que par les petits sons naturels venus de la vaste étendue verdoyante à mes pieds. C'est donc avec une irritation mêlée de regret que je perçois le crissement des gravillons sous des pas étrangers. Je ne me retourne pas, cherchant à m'abstraire de cette interruption que je pressens comme une intrusion dans ce moment de plénitude. Les pas s'arrêtent. J'attends, en alerte, qu'ils reprennent pour s'éloigner. « Il n'y a rien pour toi à voir ici. Touriste, passe ton chemin et laisse-moi seule. Je ne suis pas partageuse ce soir ; même de l'enchantement qu'offrent les pivoines ». Cette présence derrière moi engendre un sentiment d'inquiétude, mais j'insiste pour marquer mon indifférence irritée et je ne me retourne pas, les yeux fixés vers l'horizon. Les gravillons crissent, le son décroît et s'éteint. Je suis à nouveau seule avec les pivoines et la brise odorante de leur senteur poivrée et de la terre mouillée…

Il est près de minuit, je vais m'endormir dans le confort bourgeois de la chambre d'hôtel. Brusquement, le téléphone me tire de la torpeur qui me gagne et réveille une angoisse perçante. Seule une mauvaise nouvelle peut justifier l'heure d'un tel appel. Je décroche immédiatement. La voix inattendue, mal assurée, timide, presque craintive de Katharina me frappe de sidération, puis me perce le cœur au plus profond. Après quelques propos banals et devant mon silence attentif, elle s'enhardit peu à peu. Une autre villa florentine demande ses soins pour prendre vie à nouveau, et son mal être parisien l'a poussée à accepter cette nouvelle proposition de retrouver des lieux qui lui sont chers. Elle m'a vue, par hasard, cet après-midi dans les jardins de Boboli et l'imprévu de cette rencontre a ébranlé sa résolution. Épiphanie redoutable et tumultueuse, qui a repoussé la crainte et aboli toute prudence.

Bientôt, l'albatros laisse place à « mon enfant, ma sœur ». Débarrassée de toute inhibition, l'invitation au voyage se fait à haute voix. J'entends une interminable déclaration d'amour passionné, sensuel, absolu et fou. De longues minutes, en une longue rhapsodie, pour me convaincre de leur réalité, elle me répète ces paroles tendres et folles après ces mois de silence et d'indifférence affectée. Sa voix caresse mon oreille et, malgré la froideur morte intrinsèque à l'instrument de notre communication, la passion et le désir qui animent cette voix me sont physiquement perceptibles, bien vivants dans cette caresse. J'en suis trop bouleversée pour savoir ce que je ressens, ce que je vais lui dire…

… Tout n'est donc pas fini, mais rien n'est plus comme avant. L'intensité passionnée de ce retour m'effraie plus qu'elle me ravit. Ce n'était pas ce que je recherchais depuis le début de cette rencontre, et je me sens incapable d'y répondre en ces termes dont mon esprit et mon cœur se défient et mettent en doute la profondeur. À nouveau, la peur a changé de camps. J'ai peur, peur de la puissance trouble qui s'est ainsi exprimée, peur de ce feu, ardent certes mais peut-être, comme un feu de paille, bref et évanescent, peur de souffrir encore après cette fulgurance d'espoir. J'espère qu'il ne s'agit là que d'une manifestation qui se voulait éclatante et symbolique de quelque chose de plus profond et de plus stable. Mais la stabilité existe-t-elle en amour ?

Aurait-elle enfin compris, elle aussi, que nos âmes s'étaient touchées plus que nos corps et que ce contact, pour fugitif qu'il puisse paraître, est le caractère intrinsèque à notre relation ? Où allons-nous désormais à partir de ces sentiments révélés, reçus comme une offrande, et pourtant si troublants ?

Le temps passe, loin de Florence et des pivoines de Boboli. Le souvenir de leur couleur et de leur forme m'émeut toujours autant. Leur parfum dans la brise est pour moi le souffle vital qui fait renaître ce monde discret, tendre et douloureux où des émotions et des sentiments subtils et fragiles, comme elles, ont envahi ma vie et l'ont marquée au plus fort de son intimité d'une empreinte indélébile.

Sunshine

But at my back I always hear
Times winged chariot hurrying near :
And yonder all before us lye
Deserts of vast Eternity.
Andrew Marvell, *To his coy mistress*

Le ciel était si bleu et Jesus Green si vert, les arbres s'y découpaient si nettement qu'on aurait dit un de ces paysages virtuels imaginés par Microsoft, mais l'odeur de l'eau et des feuilles, les vibrations de la lumière, les taches blanches des mouettes et leurs petits cris aigus, les poules d'eau qui traversaient à pas précipités le chemin mouillé donnaient vie et réalité à l'éternel de ce cadre qui m'était si cher et que toi, tu ne connaissais pas. Ta pensée incessante habitait mon esprit en tumulte. Malgré cette atmosphère familière et rassurante, il ne parvenait plus à trouver l'équanimité recherchée depuis maintenant si longtemps.

Je ne voulais pas et pourtant je souhaitais ardemment cette relation que la singularité d'un soir avait laissé entrevoir comme un dernier partage, un dernier amour possible. Plus forte que celle de tes bras, l'étreinte viscérale de la peur m'avait fait fuir Paris pour cet univers clos et protégé où j'avais autrefois trouvé le bonheur. Ce que je sentais sourdre en moi était si fort et si profond que j'en étais bouleversée. Il m'était difficile d'accepter que quelqu'un puisse m'affecter autant. La confusion des sentiments créait ce marasme où rien n'était possible que la hantise de ton être, de ton sourire lumineux, de ton regard pénétrant et tendre, de la force bienveillante de tes bras. Fallait-il accepter ce cadeau du destin et pour la dernière fois entreprendre une marche à deux, poussée par le chariot ailé du temps qui ne nous en laisserait guère ? Fallait-il en cela renoncer à la paix intérieure, à la sérénité affective acquise à l'épreuve des souffrances et des désillusions ? Vivre encore ou se préparer pour ces vastes déserts d'éternité d'où la douleur est enfin bannie ?

Dans les ruelles étroites résonnaient les pas de la jeunesse du monde, les bicyclettes filaient, brinquebalantes, sur les vieux pavés brillants sous l'œil goguenard des gargouilles et du bestiaire héraldique. Le soleil perçait enfin l'humidité du matin. La ville s'éveillait et tout était possible, inconditionnellement, si l'on oubliait un moment qu'elle n'est pas que jeunesse, que j'avais déjà eu mon tour, déjà tiré ma force de son aura sereine, que je m'étais déjà nourrie de ses richesses et déjà donné les quelques fruits qu'elle avait engendrés. Alma mater généreuse, elle m'avait accueillie autrefois, calmant bien des doutes et des inquiétudes, mais que pouvait-elle aujourd'hui pour la femme qui ne s'interrogeait plus sur ses talents créateurs mais sur la possibilité d'être encore aimée ? Ce genre d'émotions n'était pas de son ressort, et il me faudrait seule, une fois de plus, discerner entre deux possibles, miser sur le partage ou la solitude, sans savoir quel choix tu ferais à ton tour, lorsque le cœur raffermi peut-être, je reviendrai vers toi.

Le petit pont de pierre sortait des brumes laiteuses de la rivière sous le soleil fragile et me conduisait vers les Backs, où les vieux arbres pleuraient leurs feuilles jaunes sur les longues herbes et le petit sentier que tant d'autres avant moi avaient parcouru d'un pas lent dans leur marche méditative, en quête de réponses à leurs interrogations savantes ou intimes. La beauté de ce matin d'automne gorgé d'eau et de lumière ralentissait le temps, et mes pas mesurés apaisaient peu à peu mon angoisse. Sans doute mon cœur aurait-il dû être joyeux de cette promesse de communion et de partage qui avait soudain pris vie, puisque paroles et gestes lui avaient donné une réalité certaine. Sans doute aurais-je dû les accepter sans plus de scrupules, dans la sincérité et l'élan de confiance de ce moment privilégié, comme je l'aurais fait, sans aucun doute cette fois ; lors des années lointaines de spontanéité confiante. Que s'est-il donc passé en moi pour que la perspective d'un bonheur éventuel, ardemment désiré cependant, me pétrifie d'angoisse ? De quoi ai-je si peur ? Il y a mille et une façons d'aimer, et le peu de sagesse acquis au fil des ans me disait bien qu'il n'est pas essentiel pour les deux êtres qui ont réussi, souvent à leur cœur défendant, l'exploit de se rencontrer et de se le dire, d'éprouver un amour identique. Malgré les signes et les regards remarqués sans y réfléchir depuis des semaines – avaient-ils pour toi le sens que je leur attribuais maintenant ? – Je ne parvenais pas à croire à la réalité nouvelle de ce possible. À mes yeux incrédules et inquiets, mon âge en faisait une folie inespérée, que ta relative jeunesse rendait encore plus improbable. Pourtant, n'était-ce pas toi qui avais suggéré de faire un pied de nez aux conventions, de les vaincre, pour atteindre cette intimité intense, si rare et si précieuse, comme seules savent le faire les femmes ? Car tu es femme, et ton élégante tendresse m'a touchée au plus profond de mon être, dans cette communion miraculeuse, sincère et absolue dont seules les femmes entre elles sont parfois capables. Le serons-nous vraiment, au-delà d'un soir ? L'enjeu est grave. Si la révélation d'alors demeure aussi fulgurante, aurons-nous l'audace de courir le risque de la tiédeur évasive et de la lente déception ?

De l'autre côté de la route, l'austère bibliothèque riche du savoir millénaire d'hommes solitaires et laborieux prend une chaude teinte dorée dans la lumière franche du matin. Elle va m'accueillir comme toujours, pour y chercher d'autres réponses, plus sereines et moins personnelles. Mais bientôt, je lui tournerai le dos et je reviendrai là-bas prendre ta main, et peut-être, si tu le veux encore, ferons-nous ensemble, dans le soleil de ton sourire, quelques pas discrets sur ce chemin rocailleux et tortueux que certains appellent la vie.

Demain

Demain, tu m'appelleras. La caresse de ta voix sur mon oreille me fera tressaillir un instant. Je prendrai toutefois un ton calme et serein pour te dire ma joie à ton appel, te demander de tes nouvelles et te raconter toutes ces choses inintéressantes mais nécessaires que j'ai faites depuis que nous nous sommes quittées. Mon cœur, lui, te dirait tout autre chose, tout autre chose que la technologie moderne qui nous permet de nous entendre est incapable de faire passer par ces kilomètres cruels. Je prendrai un ton calme et serein, car je ne sais pas si tu n'auras pas peur de ce que mon cœur voudrait te dire, et si tu ne préférerais pas à la sincérité candide de mon émotion la banalité rassurante et mondaine d'un dialogue ordinaire.

Mon cœur te dirait combien ta présence hante cette ville où tu n'es encore jamais venue et où tu m'accompagnes pourtant en esprit sans relâche depuis des semaines. Mon imagination te montre ces lieux qui m'enchantent depuis tant d'années, ces bâtiments de briques patinées par l'humidité douce ou mordante des saisons et des siècles, émoussées par endroits, toujours les mêmes, par cette multitude d'étudiants et de maîtres qui se sont succédé, avec leurs chevaux ou leurs bicyclettes, ces marches de pierres rendues concaves par leurs millions de pas accumulés qui les ont menés et les mènent toujours vers les mêmes salles pour y accomplir les mêmes tâches, y connaître les mêmes joies du savoir et les mêmes désillusions aussi lorsque, malgré l'effort et la persévérance, la découverte n'est pas à la hauteur de leurs attentes, ces porches au bestiaire héraldique, ces voûtes où résonnent nos pas et où des anges bouclés sourient à ceux qui passent, en leur montrant leurs livres ouverts ou leurs blasons que personne ne lit plus, ces encorbellements aux arrondis souples qui adoucissent la verticalité des murs austères. Je t'emmène par les ruelles étroites et tortueuses où nous parvient l'écho des jeunes voix des choristes s'élançant vers des hauteurs séraphiques, jusqu'aux jardins clos qui rivalisent d'élégance dans un festival de couleurs, éclatantes ou douces selon les saisons et la fantaisie du jardinier. La variété de leurs fleurs tout comme leurs couleurs te charmeront sans doute par leurs agencements singuliers ; dépassant les parterres convenus, elles s'élancent le long des vieux murs de briques dont elles soulignent la patine tout en exaltant leur propre délicatesse.

Les pelouses nues et veloutées qui contrastent avec ces débauches de millefleurs exhalent une odeur d'herbe fraîche qui bientôt se mêle à celle de l'eau. La rivière est là, plate et calme, entrecoupée de ses petits ponts de pierre blanche ou de bois. Ils nous mènent sur l'autre rive, plus sauvage, et nous nous retournons pour contempler alors le panorama de ces bâtiments blancs ou dorés à l'élégance surannée qui témoignent de l'esthétique des siècles passés et du prix qu'ils accordaient à la culture érudite, à ceux qui la font et la transmettent. Je te dis ce que chacun d'entre eux représente pour moi en termes de travail, d'amitié, ou parfois d'amour, pour te faire partager ce que ces lieux m'ont donné et ce qu'ils ont fait de moi. Il m'importe que tu comprennes cette métaphore de confession comme prélude à ce que mon cœur voudrait te dire, car si nous avons opté un soir pour cette intimité profonde qui fera le prix de notre rencontre, ce passé comme le présent habite aussi mes sentiments pour toi.

Mon cœur te dirait cet élan incoercible, déraisonnable, qui me porte vers toi, mon émerveillement devant cette rencontre magnifique et inattendue. Elle devait pourtant se préparer subtilement depuis longtemps dans l'apparente insignifiance de gestes et de regards qui, semblables aux gouttes d'eau tombant une à une lentement sur la stalactite en accroissent la beauté intemporelle, ont créé ce lien que je sens maintenant si fort face à l'indifférence du monde. Il te dirait ma tendresse, mon espoir de jours, radieux de ton sourire, où, délivrée des contraintes imbéciles imposées par la vie et les hommes, tu te sentirais libre d'être enfin toi et, confiante de n'être plus aussi complètement seule, tu pourrais donner libre cours à ton originalité créatrice, à la lumineuse douceur de ton imagination et de ta pensée. Il te dirait mon désir de partager cette vie-là, d'embrasser avec toi ce qu'il nous reste à découvrir de la richesse du monde.

Dans le tumulte de cet amour neuf qui m'effraie et pourtant ne demande qu'à grandir, mon cœur te dirait tout cela...

Et toi, demain, que me diras-tu ?

Aujourd'hui, c'est demain et tu n'appelles pas.

Brumes

Les arbres maintenant dépouillés lancent des branches implorantes vers le ciel. La brume a des teintes grises vaguement nuancées de bleu. Le soleil semble proche sous ce fin voile de mousseline humide, métaphore atmosphérique de mes sentiments intimes et de mes attentes. Sur l'herbe mouillée de Jesus Green, les taches blanches, oblongues, des mouettes par dizaines dessinent un tapis lumineux dans la maigre clarté matinale. Il fait bon marcher sur l'étroit chemin où de gros cygnes blancs se sont installés, peu farouches, devant l'avancée matinale des piétons et des cyclistes. Ils se reposent encore avant de se jeter dans le bras mort de la rivière où quelques poules d'eau noires s'affairent déjà au milieu des herbes aquatiques rendues mobiles et sinueuses par leur empressement. Une odeur d'eau et de feuilles mortes emplit l'air vif et, paradoxalement peut-être, réjouit le cœur. Le chemin vers la ville et ses bâtiments séculaires est léger, favorable à l'appréciation du moment comme à l'évocation des projets de la journée. Je me sens vivre, heureuse du petit vent frais qui stimule mes joues, de l'odeur automnale qui caresse mes narines, de mes pas qui résonnent sur le chemin, réguliers et calmes, de la lumière tamisée par la brume qui adoucit les couleurs franches du paysage. Le clocher de la chapelle de Saint John's domine la scène à l'horizon et les petites maisons à un étage, sombres et uniformes qui bordent l'étendue de verdure, se singularisent joyeusement par les taches de couleurs différentes de leurs portes ou les feuilles encore jaunes de leurs glycines.

K, pour moi, ce n'est pas Kafka. Pas de château à l'horizon, mais une maisonnette campagnarde et fleurie où vit K, mon amie fantasque et pure, le cadeau que m'a fait la vie lorsque je n'en attendais plus, celle qui m'a fait sortir de ma tour d'ivoire dont je n'avais jusqu'alors qu'entrebâillé la porte. C'est notre relation qui m'a finalement conduite dans cette ville familière où j'ai autrefois passé des jours laborieux et sereins, et où j'espère retrouver le calme paisible d'une vie intérieure bouleversée par cette rencontre et la confusion des sentiments qu'elle a engendrée. La perspective donnée par la distance géographique, l'atmosphère intellectuelle et studieuse, la beauté civilisée des lieux, permettront-elles à mon esprit embrumé par l'intensité de mes émotions de retrouver sa clarté de vision et à mon cœur son équanimité ?

… En ce début de siècle, les Français, surtout les plus jeunes, semblent avoir acquis l'habitude de s'embrasser à chaque rencontre. Ceci est à peine le signe d'une plus grande proximité qu'un serrement de main, et ce baiser, rapide effleurement de la joue, en a d'ailleurs la banalité, si bien qu'il ne signifie plus rien, aucune tendresse, aucune affection particulière. Geste d'amour et de paix dévalorisé, devenu simple rituel social, il recouvre cependant pour moi une partie de sa valeur symbolique lorsque je quitte ou retrouve K après une assez longue absence. Pour moi qui ai été éduquée à éviter les contacts physiques et les manifestations de tendresse, ce baiser, même banalisé par les autres, revêt un sens symbolique, celui de notre connivence profonde. Car, bien sûr, ce n'est pas le hasard qui a présidé à notre rencontre ni à la révélation de notre intime ressemblance au-delà des incidents de nos vies antérieures. Sœurs de cœur ou amies amoureuses, le saurons-nous un jour ? Peu importe. Un lien intense et puissant s'est créé dont le souvenir indélébile nous marquera même si les aléas de l'existence ou les fluctuations des émotions viennent un jour à nous éloigner. Car cette relation que nous voulions toutes deux à l'origine, simple, légère et naturelle s'est avérée plus complexe et plus difficile à vivre dans la quotidienneté et les contraintes du monde.

Après l'épiphanie de notre rencontre, j'avais connu quelques jours d'un intense et profond tumulte, de tortures mentales et affectives, de peur et de déréliction, avant que je n'accepte la réalité de notre situation et le bouleversement que ces sentiments nouveaux imposaient à ma vie. Mais une fois cette crise existentielle passée, j'avais résolu d'accepter la naissance de cette relation, don merveilleux et inespéré dans une existence par ailleurs ordinaire, et j'étais prête à vivre notre rencontre jusqu'où K souhaiterait la mener. Quant à elle, elle ne semblait pas avoir souffert les mêmes affres ni les mêmes tourments. D'emblée, elle paraissait accepter notre relation, demandant simplement un peu de temps pour s'y installer.

Quelques semaines heureuses où nous nous découvrions l'une l'autre au cours de longues conversations et de promenades ensemble dans la forêt et les champs. Instants de partage et d'allégresse devant la profondeur et l'intimité de notre communion. Magie de l'autre et de sa proximité. Puis, comme si la panique viscérale qui m'avait saisie à l'origine venait enfin de s'emparer d'elle, K me repoussa brutalement un soir, reniant l'authenticité de ces semaines et avouant sa peur d'être dévorée, possédée par mon emprise. L'éloignement est son *diktat*. Même ce baiser vide de sens (ou peut-être en avait-il trop ?), donné à tous sans discrimination m'est désormais interdit. Frappée de sidération, puis abattue par cette injuste appréciation de mes sentiments, je vis mon horizon s'assombrir et les brumes envahir à la fois mes yeux et mon espace intérieur. Vivre désormais sans K était impossible. Le monde perdit ses couleurs et ses contours. Sa musique s'atrophia dans un épais nuage où plus rien n'entrait en résonnance. Le royaume des ombres prit possession de mon univers soudainement éteint. « Faire passer le goût du pain » n'était plus une simple métaphore ; tout était devenu fade et terne. Au creux du plexus, mon sourire intérieur s'était évaporé, faisant place à un pleur sans fin. En deuil de sa présence comme des instants de vie que nous avions partagés, mon regard trouble ne pouvait plus voir les étoiles scintiller, éclats de diamant dans une nuit glacée de février, ni les fines branches à la cime des arbres de la forêt, tracées à l'encre de Chine sur un ciel d'un bleu sombre et diaphane à la lueur d'une lune ronde et dorée dans toute sa gloire. Plus d'amples gestes lents et gracieux ensemble, en harmonie, à l'unisson du ressac sur une plage bretonne à marée haute, plus de discussions passionnées jusqu'au petit matin près de la cheminée ou sous la tonnelle. Toutes ces richesses s'enveloppèrent d'un brouillard qui estompait leurs images, étouffait les sensations plaisantes pour ne laisser plus qu'un vide, douleur poignante et nauséeuse au creux de l'estomac.

Devant la souffrance d'une telle mutilation il fallut chercher sinon un remède du moins un expédient. Projet abandonné depuis des mois, un livre que je me proposais d'écrire revint, fugace mais clair, au premier plan. Face aux peines de l'âme, le travail, s'il est encore possible, s'avère le meilleur des divertissements. Celui-ci aurait le double avantage de mobiliser ma pensée et de m'entraîner loin des lieux que nous fréquentions habituellement K et moi.

Alma Mater attentive, dont la beauté et l'esprit permettent au chercheur de ne pas prendre trop au sérieux les tourments de son âme tout en poursuivant intensément, et avec le plus grand sérieux, ses travaux intellectuels, Cambridge, forteresse du savoir et tour d'ivoire, refuge où je devrais pouvoir m'oublier dans l'accomplissement d'une nouvelle tâche, accueillit non sans humour et tendresse ma désolation.

Pourtant, cette tâche, qui ne dépendait que de moi, s'avérait être une nouvelle ordalie. Elle testait ma volonté face à la hantise obsessionnelle qui m'habitait. En sortirai-je un jour lavée de tous ces tumultes et régénérée hors de cette union qui a pris tant de place dans mon être ? K ne me quittait ni le jour ni la nuit. Après les insomnies ou l'agitation des rêves, le chemin de la bibliothèque était sans joie. Les Backs avaient perdu leurs attraits, et la longue marche mécanique n'offrait aucun soulagement. Mon cœur ne battait pas plus vite à la découverte des manuscrits fragiles, révélateurs de l'intimité créatrice de l'écrivain, ou des anciens volumes peu consultés, odorants d'une légère poussière, de leur encre vieillie et de leur épais papier jauni, craquant encore dans leur reliure de cuir, qui m'apportaient pourtant les preuves ou les arguments recherchés, et même bien au-delà. Mortes l'excitation de la curiosité, la joie de la trouvaille et de la satisfaction devant la véracité de l'intuition. Longues heures solitaires au milieu d'une foule silencieuse penchée sur d'autres livres. Jours de cendres et de notes grises accumulées sans étincelle créatrice, lectures innombrables qui certes distrayaient mon esprit de l'objet qui l'obsédait mais me laissaient indifférente. Des semaines, interminables, de ce labeur autrefois si plaisant qui faisait alors naître en moi une sorte d'allégresse, maintenant pesante, fade, terne, mécanique, poursuivie par un effort purement cérébral de volonté, dans l'attente toujours vaine d'un message de K, me permettaient pourtant d'accumuler une masse de documents.

Lorsqu'après bien des livres je retombai toujours sur les mêmes éléments d'information, je sus, à mon corps défendant, qu'il était vain de poursuivre ces lectures entêtées mais passives, que leur diversion était arrivée à son terme, qu'il me fallait désormais, si je devais poursuivre mon projet salvateur, aborder la phase suivante, la plus difficile. Première étape créatrice, la conception précise de l'ouvrage, source d'autres affres, se dessinait dans la brume de mes jours. Mais pour cela, il fallait voir clair, mobiliser ses énergies et son envie. Envie de vivre, d'écrire, de dialoguer avec l'autre, cet autre que l'on ne connaît pas, mais dont on espère cependant l'attention et l'intérêt pour le faire entrer dans notre monde par l'alchimie des mots sur les pages enfin écrites, ces mots qui sont, comme les caractères du calligraphe, autant d'êtres vivants, si l'on parvient à leur donner vie. Mais comment une âme morte peut-elle même tenter de donner la vie ? Mon esprit renâclait devant cette perspective et l'effort mental, aussi bien qu'affectif qu'il implique, dont je connais par expérience l'exigence et le prix. Pourtant, je n'écrirais pas de fiction mais un ouvrage que la coutume considère comme scientifique, objectif, dépassionné. Pourtant, il ferait appel à d'autres ressources en moi que la simple démarche intellectuelle. Allais-je en avoir le courage, la force, et surtout l'envie, dans cet état pâteux et douloureux de mon être profond ?

Doute, procrastination, diversion, abattement, mélancolie, velléité se succédaient au fil des jours. Pour échapper à l'astreinte du siège et de l'ordinateur, je parcourais sans élan ni joie les rues, les jardins et les parcs de cette ville qu'autrefois j'aimais et dont aujourd'hui je ne voyais même plus la beauté. L'automne arriva, avec ses couleurs innombrables, parfois surprenantes, ses odeurs piquantes et sauvages, ses cieux clairs ou brumeux, ses lumières franches ou tamisées, et tout cela ne me réjouissait plus. Le poids que je traînais au creux de l'estomac et qui me faisait intempestivement monter les larmes aux yeux sans raison restait le plus fort... jusqu'à ce matin, par ailleurs banal, où, traversant Jesus Green, inexplicablement, je reprends possession de moi-même.

Dans les faits, rien n'a changé, mais en moi, comme pour le malade enfin convalescent, la pulsation de la vie reprend son rythme, sa dynamique. Un bien-être joyeux, hésitant et timide regagne le terrain perdu. Le goût de vivre à nouveau, en dépit de ces faits. Est-ce le spectacle des mouettes sur l'herbe verte et humide, celui des élégants cygnes blancs ? Est-ce la légère morsure de l'air et son parfum d'eau, la résonnance de mes pas qui me rappelle que j'existe et que ma présence au monde s'inscrit dans l'harmonie de la nature ? Le tumulte qui embrumait mon esprit et mon cœur s'apaise. Je me sens enfin capable d'envisager cet effort auquel je renonce depuis des semaines. L'écriture, cette emprise sur le monde, redevient possible.

Mais avant d'écrire, il faut concevoir, autre effort gigantesque qui préempte le premier. Peu à peu, comme sur le Green, la clarté se fait en moi et tout en marchant, les choses se mettent en place. Je vois se dessiner une ligne de force qui ordonne mes trouvailles, un argumentaire prendre vaguement forme, alimenté par les quelques souvenirs de lecture qui émergent spontanément. Ces premières idées sont un don éblouissant, une révélation, un signe que je suis en train de dépasser l'épreuve intérieure, que *je vis* à nouveau.

La fébrilité joyeuse qui peu à peu me gagne, l'émerveillement naissant devant cette sensation nouvelle, semblent s'accorder avec la brume qui se lève et les contours à nouveau clairs des objets et des bâtiments dans les rues étroites de la ville. Un monde somnolent reprend couleurs et formes, mon esprit étouffé par sa hantise voit les circonvolutions de mes pensées jusqu'alors torturées et tortueuses comme les motifs d'une croix celte se dénouer et retrouver un espace, une respiration. K s'est éloignée de moi ; notre merveilleuse complicité éteinte, elle n'appelle pas. J'en souffre certes, intensément, d'amour, d'incompréhension et de frustration, mais je ne cesse pas d'exister pour autant. Ce qui faisait ce « moi » avant notre rencontre a survécu à la magie tempétueuse de notre relation, je viens de le comprendre. Le livre envisagé depuis des semaines comme une simple bouée qui permet tout juste de garder la tête hors de l'eau tandis que le reste du corps et de l'âme est inexorablement attiré vers l'obscurité des abîmes, devient lui aussi un objet encore virtuel certes, mais pourvu d'un souffle de vie. Il a désormais une trajectoire à couvrir, une identité encore floue mais qui va s'affirmer et s'affermir grâce à la concentration de ma pensée. Je respire un moment par toutes les fibres de mon corps qui lui aussi retrouve son identité, sa faculté de communiquer en harmonie avec l'univers qui l'entoure. Ce frisson intérieur d'excitation électrifie ma pensée. Je parviens enfin à entrer dans les profondeurs de mon être et atteindre cette concentration créatrice qui permet de voir et de donner sa structure particulière au projet de ce livre. Peu à peu, il s'échafaude en moi et ce n'est plus que jeu d'enfant, ou presque, que de mettre en place les documents amassés sans joie qui prennent vie à leur tour et, par la force volontaire de ma pensée, s'assemblent, naturellement semble-t-il, dans ce gigantesque puzzle qui à son tour s'anime, devient clair et lumineux pour moi dans la démonstration qu'il veut donner à voir. La lumière s'est faite et une étape décisive a été franchie.

La suivante est laborieuse et lente mais demande finalement moins de mon être profond. Je sais que vont suivre maintenant des mois de rédaction où la recherche du mot précis, de l'emphase juste, voire de l'élégance de la formulation va demander beaucoup d'effort et de peine. Tâcheron du mot, je vais devoir m'astreindre à une discipline salutaire qui me fera oublier, au moins momentanément, les souffrances infligées par une émotivité exacerbée. Je sais enfin que je peux rentrer, et même revoir K. Cela ne me bouleversera plus autant.

Les jours s'écoulent devant le clavier dans l'insondable solitude de l'écriture, mais aussi dans sa passion qui finit par habiter mon être jusqu'à l'obsession. Je ne peux plus rien faire d'autre qu'écrire. Les pages se noircissent lentement. Paragraphes réfléchis et nourris de mes recherches s'enchaînent pour devenir au fil des longues semaines les chapitres voulus. Les journées s'achèvent l'esprit vidé de toute substance dans une sorte d'abrutissement salutaire. Elles se suivent pourtant avec une acceptation mêlée d'une certaine griserie.

Toutefois, les heures ternes ou stériles, l'intensité du travail et l'isolement requis, qui n'est pas seulement physique, épuisent peu à peu mon imagination ; et pour ne pas avoir à affronter la perplexité de la page blanche, je cherche aussi à me ressourcer, à trouver un certain équilibre dans la compagnie de mes amis retrouvés. Rencontres et soirées joyeuses, discussions variées où l'on me demande des comptes sur ma longue absence et sur le travail en cours. Expliquer le second est aisé et plaisant, car cela permet aussi d'éclaircir pour moi-même les pensées en gestation et, non sans une certaine mauvaise foi, de justifier la première.

Dans ce petit cercle familier, la présence de K prend toute sa place. Nous parlons naturellement avec cette distance habituelle aux échanges à plusieurs. Chacun, chacune, n'y parvient pas vraiment à se dégager de sa *persona* et, malgré l'amitié, à livrer plus ou moins ouvertement la vérité intime de son être. La proximité autrefois si spontanée avec K ne peut plus se manifester ici ni maintenant, et cela nous protège peut-être des explications et de la souffrance.

Lorsque le groupe se sépare après la joie et la bonne humeur stimulante d'une discussion passionnée, chacun de nous s'embrasse de ce geste rapide et insignifiant, parmi les accolades et les propos amicaux. K ne m'embrasse toujours pas. Qu'importe désormais. Plus qu'un futile baiser d'au revoir, son sourire, comme une promesse, éclaire son visage qui illumine ma nuit. La sensibilité de sa façon d'être au monde m'émeut à chaque fois. Je sais à ces moments précis que nous ne nous sommes pas définitivement perdues.

Avec Matthew Arnold sur la plage de Douvres

Comme deux enfants effrayés, bouleversés par le tumulte du monde, ils referment leurs bras l'un sur l'autre dans un mouvement protecteur et doux. Étreinte forte et longue, qui embrasse cependant tout l'être avec tendresse et profondeur. Moment d'éternité et de bonheur, de réassurance et de plénitude, d'oubli aussi, d'oubli de soi pour l'autre – sentiment de jubilation émue. La nuit bleue est tombée sur la plage déserte ; de minuscules lueurs brillent sur l'horizon. Le ressac apaisant rythme leur respiration.

Ah, love, let us be true
To one another, for the world which seems
To lie before us like a land of dream,
So various, so beautiful, so new,
Hath really neither joy, nor love, nor light,
Nor certitude, nor peace, nor help for pain ;
And we are here as on a darkling plain
Swept with confused alarms of struggle and fight,
Where ignorant armies clash by night.

Non, Matt, ils ne le croient plus aujourd'hui. En fait, c'est probablement tout le contraire.

Sincères l'un envers l'autre, ils ressentent alors dans ce partage intime que le tumulte du monde, première chose qu'ils en perçoivent, avec son aberration permanente, n'en est cependant pas la réalité essentielle ni profonde. Celle-ci se trouve dans la beauté, la variété et la lumière sous-jacentes, que l'union et la tendresse échangée leur font percevoir au-delà des armées qui s'affrontent sous leurs yeux et parfois dans leur âme, au-delà des esquifs dérisoires qui cette nuit bravent encore les vagues aveugles et sourdes, chargés de pleurs, de gémissements et d'espoirs vains, dans l'obscurité et le tumulte ô combien perceptibles.

Mais vont-ils garder cette foi comme une certitude, une paix et une aide contre la souffrance malgré la confusion insidieuse qui les entoure ? Oui, probablement, tant qu'ils pourront refermer leurs bras l'un sur l'autre et sentir la réponse de leur étreinte.

Histoire banale

Il était riche, il était beau.

Fort et fier de son succès professionnel et d'une belle fortune héritée d'un grand-père habile en affaires, Antoine n'avait pourtant guère d'amis, qu'il ne recherchait d'ailleurs pas redoutant le caractère intéressé que leur relation ne manquerait pas d'avoir. Depuis son divorce et le départ de ses fils, il se sentait malgré tout bien seul, sans personne sur qui déverser ses frustrations et ses propos venimeux en dehors des heures de bureau.

Ce fut par hasard, mais l'était-ce vraiment, qu'il la rencontra dans un cocktail de la compagnie. Qu'y faisait-elle ? Il ne le sut jamais. C'était sans importance. Il perçut instinctivement qu'elle était fragile, mais belle et chaleureuse, et donc que l'attirance qu'il commençait à éprouver allait s'amplifier. C'était la proie idéale ou, auraient dit certains, la victime potentielle toute trouvée.

Quant à elle, flattée de l'attention visible que ce bel homme à l'allure sportive et rassurante, ce beau parleur à la voix bien timbrée, lui témoignait, recherchant ostensiblement sa compagnie, elle abandonna toute vigilance et se laissa séduire sans difficulté, d'autant plus que son éducation traditionnelle lui avait fait croire qu'il valait mieux être mal accompagnée que seule. Et, en ce moment-là, elle était seule, quelque peu désemparée par cette solitude.

Il l'invita à dîner. Elle accepta. Ils se revirent la semaine suivante et bientôt l'habitude fut prise de ces dîners dans de petits restaurants modestes mais sympathiques. Il était charmant. Il la trouvait originale et drôle, et surtout si naïve et fragile que c'était un plaisir. Leurs deux solitudes s'attiraient mais surtout, peut-être l'attraction venait du rapport de force qui ne cherchait qu'à s'établir.

Claire était artiste ; bien sûr, la beauté dans ses multiples formes l'attirait. Lorsqu'il lui proposa de visiter son superbe appartement dans un ancien hôtel particulier du Marais, qui surplombait le vaste parc d'un musée, elle accepta avec une curiosité enthousiaste, sachant aussi que cette invitation n'était pas innocente. Elle était prête à se laisser séduire jusqu'au bout.

Ils firent l'amour longtemps et bien. Enfin, l'amour... Elle perçut aussitôt que la tendresse en était absente et qu'il s'agissait plutôt d'un appétit mais plus encore d'un acte de possession qui se voulait absolue. Cela flattait son corps sevré qui se laissa captiver après des mois d'intense solitude. Ce n'était pour le moment qu'une aventure agréable et flatteuse. Qui sait, elle pourrait peut-être déboucher sur un véritable partage lorsqu'ils se connaîtraient mieux ?

Ils prirent l'habitude de passer le week-end ensemble puisqu'ils travaillaient tous deux la semaine. Sans rien demander, il s'invita chez elle et prit possession de sa petite maison blanche près de Chantilly comme si c'était sa maison de campagne. Surprise, elle ne dit pourtant rien, mais très vite elle sentit que sa liberté en était restreinte. Elle ne pouvait plus recevoir ses amis ou les rejoindre comme par le passé, car Antoine arrivait systématiquement, naturellement dès le vendredi soir qu'il pleuve ou qu'il vente, et s'installait sans ambages. Elle se sentait quelque peu envahie, mais comme elle s'attachait à lui et que son corps se laissait peu à peu captiver par la sexualité de son compagnon, Claire ne dit rien et semblait accepter la situation qui se créait. Malgré cette contrainte, les week-ends furent d'abord agréables, explorant les auberges voisines, se promenant à la découverte des lieux bucoliques et charmants plus ou moins célèbres de la région.

Assez vite toutefois, il se mit à devenir exigeant et à critiquer la tenue de sa maison, déplaçait ses objets familiers ou les rangeant dans les placards avec un commentaire moqueur ou irrité. Il ne l'invitait plus au restaurant, mais lui ayant laissé faire les courses il mettait les pieds sous la table sans la moindre reconnaissance de ses qualités domestiques. Il soufflait le chaud et le froid, tantôt charmeur tantôt boudeur ou agressif. Claire qui avait tendance à douter d'elle-même était déconcertée par ces changements d'humeur inexplicables et, déstabilisée, en perdit le peu d'assurance qu'elle avait, s'exposant ainsi davantage aux remarques mordantes d'Antoine. Envers les amis de Claire qui passaient à l'occasion, celui-ci adoptait une attitude froide, voire hostile. En leur présence, il était ironique et désagréable envers tout le monde, dénigrant subtilement la maîtresse de maison, si bien que ceux-ci se firent de plus en plus rares. L'atmosphère s'alourdissait, et l'attente joyeuse de son amant fut progressivement remplacée par une sourde appréhension. De plus en plus isolée, Claire voyait sa vie sociale peu à peu rétrécie et limitée à leurs rencontres hebdomadaires. Elles n'en étaient que plus importantes. Elle laissait faire, mais son humeur s'altérait. Elle se sentait triste et vulnérable, incapable de mettre en œuvre son inspiration, comme de réagir sous les piques de plus en plus fréquentes de l'homme qui ne la ménageait guère.

Son estime d'elle-même, jamais très affirmée, s'étiolait au fil de semaines et de mois sans joie. Elle se sentait coupable de ces insuffisances soulignées à maintes occasions et ne savait que faire pour reconquérir les bonnes grâces de celui qui avait toujours raison.

Antoine arriva un soir gai et fier de lui-même. Lui qui d'ordinaire parlait peu de lui, raconta au dîner les raisons de cette satisfaction. Une belle réussite professionnelle : il s'était enfin débarrassé, « sans perte et sans fracas », d'un collaborateur gênant qui, à cinquante ans passés, avait peu de chance de se recaser dans une entreprise concurrente. « Il était temps que ce minable s'en aille. Bon vent ! » Le ton complaisant et cruel du récit était sans ambiguïté. Claire, qui jusque-là pensait être la seule responsable et coupable du fait de ses insuffisances, des tensions qui s'étaient installées, eut en un éclair la vision de ce qu'était aussi son amant envers les autres. Elle n'était donc pas coupable de ce climat délétère et violent, mais victime, comme eux, d'une personnalité mauvaise. Elle vit Antoine comme il était envers tous : avec le plus charmant sourire et sur un ton apparemment chaleureux, il insultait subtilement son interlocuteur et l'humiliait avec un plaisir affiché dans son regard clair, d'autant plus que l'humiliation était publique.

Sa situation confortable comme DRH lui permettait d'assouvir souvent ce plaisir délectable et malsain, et il n'avait guère de satisfaction professionnelle plus intense que de voir se désintégrer sous ses yeux celui ou celle qu'il était en train de mettre à la porte après l'avoir copieusement humilié ou persécuté jusqu'à lui avoir fait perdre l'estime de soi. Dans cette période économiquement difficile, ses employeurs appréciaient sans doute son efficacité à se débarrasser ainsi de collaborateurs surnuméraires et suffisamment brisés par ses méthodes pour ne pas oser trop revendiquer leurs droits. Il s'enrichissait ainsi de sa propre méchanceté et du malheur qu'il avait déclenché. Cependant, tout ceci n'était pas le plus important pour lui. La plus grande jouissance venait du fait d'avoir écrasé, détruit, celui ou celle dont demain il aurait tout oublié sauf le moment exquis de son anéantissement. Être ainsi efficace, et malfaisant en toute impunité, voire en être récompensé, était dans son for intérieur un plaisir délicat qu'il pouvait donc savourer fréquemment. Elle-même n'était que l'objet intime, délibérément choisi, d'un mécanisme bien plus général dans le fonctionnement d'Antoine. En un instant, elle eut l'intuition du danger qui menaçait son être, mais l'effaça aussitôt de sa conscience. Elle ne pouvait pas croire à l'effondrement de ses rêves. Elle était piégée.

Lui l'avait observée pendant des mois du coin de l'œil comme le pêcheur prêt à ferrer le poisson. Et quand il la sentit bien accrochée, la situation empira. Elle était pour lui son jouet et il fit encore plus pour lui faire perdre volonté, autonomie et repères. Comme elle était fragile, elle avait d'abord eu l'impression d'être prise en charge, protégée par cet homme qui décidait de tout, qui avait toujours raison. Comme les artistes ont parfois des fins de mois difficiles, il avait commencé à lui donner un peu d'argent, ce qui, à ses yeux, lui donnait des droits supplémentaires : redoubler les paroles dures ou les commentaires désobligeants, les exigences que son appétit sexuel engendrait. Comme elle était généreuse, il lui sembla naturel d'être reconnaissante malgré tout ; comme elle n'avait guère confiance en ses talents, la méchanceté de ces propos résonnait profondément, lui renvoyant l'image de sa dépendance, de ses manquements qui de supposés devenaient bien réels à ses yeux même. Plus la moindre parole de complicité ou d'affection ne franchissait les lèvres d'Antoine.

Elle n'était plus que... malheureuse. Ses rêves d'amour et de partage d'une relation romantique et belle s'étaient effondrés dans un marais sordide. Cependant, elle se sentait toujours attachée à lui, à son corps vigoureux, à l'image de couple riche et bourgeois réussi qu'il lui renvoyait par moments, quand elle était soumise et souriante.

Vint cependant un week-end où elle eut un instinct de révolte. Le ton monta entre eux. La violence verbale qui la meurtrissait au plus profond d'elle-même depuis des mois s'intensifiait encore. Elle se sentit tellement agressée et blessée qu'elle voulut le mettre à la porte. Il refusa de partir, et devant la violence croissante d'Antoine, Claire menaça d'appeler la police. Hors de lui, il arracha le fil du téléphone, la saisit à la gorge, lui tapa la tête contre le mur et la rejeta si brutalement qu'elle en perdit l'équilibre et se cogna la tempe sur les marches de l'escalier. Elle perdit connaissance. Quand elle revint à elle un instant plus tard, il la regardait d'un air sardonique et partit en claquant la porte. Claire avait déjà été battue, mais cette fois lorsqu'elle sentit la chaleur du sang qui coulait sur son oreille et son cou, elle fut abasourdie, incapable de réagir, atterrée, humiliée, anéantie. Elle resta un long moment sans même pouvoir pleurer. Elle n'appela pas la police. Elle n'alla pas chez le médecin. Pendant deux à trois semaines, elle porta une longue écharpe de soie blanche, offerte en des jours meilleurs par une amie désormais lointaine, pour cacher les marques de doigts violettes et brunes. La chaleur de la soie sur son cou la réconfortait un peu par les souvenirs heureux qu'elle faisait renaître. Ses cheveux cachaient heureusement la croûte marron qui cicatrisait lentement. Mais la blessure intérieure, les bleus à l'âme, restaient bien douloureux. Meurtrie au plus profond de son être, elle était habitée par un froid sidéral. Le danger pour sa vie avait été bien réel, et la solitude immense, abyssale, était à nouveau là. La tentation de disparaître la rongeait sournoisement.

Lorsqu'Antoine la rappela quelques semaines plus tard, il avait apparemment tout oublié, et « se demandait pourquoi il ne l'avait vue pendant tout ce temps ». Elle accepta son invitation à dîner, puis, le vin aidant, de monter à l'appartement. La violence était toujours là. Jamais le mot « prendre » dans ce contexte n'avait été plus juste. Claire pleura en silence de s'être laissé malmener et utiliser de la sorte. Instruite par l'expérience, elle se savait en danger, menacée par cet homme qui pourrait la détruire physiquement comme il n'hésitait pas à détruire les autres dans sa profession. Mais la peur qu'elle éprouvait désormais envers lui ne lui permettait pas d'échapper à l'emprise qu'il avait établie. Il la considérait comme sa chose et elle ne parvenait pas à rassembler la force, l'énergie, ni d'ailleurs la détermination nécessaires pour se voir autrement et s'opposer à lui et faire reconnaître son existence personnelle.

Quant à lui, ayant ainsi assuré sa domination et la pleine possession de son jouet, il entreprit de le casser. Les mois qui suivirent ne furent pour elle qu'une succession de scènes et d'insultes, humiliations verbales – car il ne la battit plus – moqueries de ses initiatives, et exigences sexuelles ou pratiques. Claire ne s'appartenait plus. La dépression lui avait fait perdre toute volonté personnelle. Les week-ends passés ensemble devinrent pour elle des enfers brièvement ponctués, de moins en moins souvent, d'escapades agréables lorsqu'il prenait à Antoine l'envie de se distraire. Pendant quelques jours, cela donnait alors à la jeune femme l'illusion d'une relation presque normale. Comme elle ne voyait plus d'amis à qui elle aurait pu se confier et révéler tant de déboires, recevoir ainsi en retour une autre vision de sa situation, elle s'enfonçait dans une mélancolie de plus en plus profonde. Pour affronter la perspective des week-ends, elle se mit à boire. Bien qu'elle redoutât l'avalanche de propos désobligeants et d'insultes qui résonnaient si fort dans sa conscience qu'elles semblaient s'inscrire dans sa chair, elle ne pouvait s'en empêcher... Comme après tant de déceptions cruelles elle n'était plus amoureuse, elle redoutait aussi maintenant d'avoir à se plier à la sexualité non dénuée de perversité qu'il lui imposait. Elle se mit à boire pour oublier aussi ces week-ends avilissants, puis la situation générale et le sentiment de sa propre faiblesse, de sa soumission honteuse, de ce qu'elle vivait maintenant comme sa déchéance. Aux portes de son enfer, elle avait abandonné toute espérance. Elle avait pourtant des sursauts de révolte où elle envisageait de quitter Antoine. Mais comment ? Comment échapper à sa présence impérieuse ? Changer les clefs de la maison ? Elle craignait sa violence et sa brutalité. Ayant perdu une fois le contrôle, il pouvait recommencer ; elle n'aurait peut-être pas une nouvelle fois la chance de survivre à ses coups. Ces velléités de rupture s'estompaient au bout de quelques jours et l'habitude, pour malsaine qu'elle fût, l'emportait sur les bouffées d'espoir et de révolte, à mesure qu'elle se persuadait de son indignité. L'emprise d'Antoine était si forte, qu'il n'avait pas même besoin de faire un geste. Elle revenait vers lui après quelques jours de séparation.

Les rares visites au superbe appartement du Marais n'étaient guère plus heureuses que les week-ends à Chantilly. Il était bien établi que Claire n'y était pas chez elle et n'avait droit de toucher à rien, de ne rien faire qu'être prête pour son rôle d'objet sexuel ou de dénigrement. Elle aimait malgré tout cet appartement, et lorsqu'elle y était seule une fois Antoine parti au bureau, elle pouvait se laisser aller à rêver à sa guise et profiter du charme indéniable de cet ancien quartier.

Au nombre de ses défauts, Antoine ne comptait pas celui de boire. Il ne supportait pas l'odeur du vin. Le fait que Claire se soit réfugiée clandestinement dans l'alcool, pour une raison que bien évidemment il ne pouvait pas percevoir, devint, une fois qu'il l'eut découvert, une justification supplémentaire pour l'humilier en privé ou en public, puisqu'elle avait bu ou allait boire. « Pocharde », s'était maintenant ajouté aux explétifs de son discours.

Un soir que Claire rentrait passer la nuit à l'appartement, après avoir dîné dehors et retardé autant que possible le moment de ce retour, il y eut une scène de plus où, ayant épuisé ses insultes habituelles, il la mit dehors en pleine nuit, claqua la porte et refusa de lui ouvrir. Seule à Paris, jetée à la rue avec son seul sac à main, dans l'impossibilité de rentrer chez elle à cette heure, Claire s'effondra sur un banc. Allait-elle rejoindre ce soir la cohorte des sans-abri parisiens ? Elle n'avait guère d'argent et ne connaissait pas à proximité un hôtel sûr où, à deux heures du matin, elle pourrait trouver un abri. Elle redoutait les rencontres nocturnes mais après un long moment elle se mit en route vers la Bastille dans l'espoir de trouver une chambre. Elle marchait avec peine serrant son sac contre sa poitrine et ignorant les avances grasses de quelques hommes encore dans la rue, qui riaient de son air hagard et de son pas mal assuré. Plongée dans sa détresse, elle traversait les rues désertes sans regarder. Sur le boulevard, un chauffeur de taxi qui rentrait tranquillement chez lui ne la vit que trop tard. Elle s'écroula sur le pavé. Il s'arrêta bouleversé puis furieux. Quand elle ouvrit les yeux il l'invectivait, puis inquiet de sa propre maladresse, il lui offrit son aide. Sonnée mais pas trop mal en point, Claire s'excusa et lui dit ce qu'elle cherchait. Heureux de se tirer à si bon compte d'un tel accident, il la conduisit à un hôtel qu'il savait encore ouvert à cette heure.

Lorsqu'elle prit le train à la gare du Nord le lendemain matin, après une nuit cauchemardesque accompagnée de maux de tête, Claire n'avait toujours pas compris toutes les implications de ce qui s'était passé chez Antoine. Mais ce qu'elle avait compris était que sa sécurité ne lui importait guère et qu'elle n'avait à attendre aucune aide ni aucune pitié de sa part. Elle resta terrée chez elle pendant des jours, dormant et mangeant à peine, comme un animal blessé.

Elsa rentrait d'un long séjour professionnel au Viet Nam. Elle connaissait Claire depuis leur enfance, et se réjouissait de la retrouver. Lorsqu'elle appela, elle ne reconnut pas la voix de son amie. Chaude, gaie et chantante autrefois, elle était aujourd'hui atone, teintée de Valium. Le téléphone est un révélateur impitoyable, et la voix qu'on y entend ne peut guère dissimuler. Elsa sut immédiatement que les choses allaient mal. Les paroles de Claire ne la rassurèrent pas davantage, si bien qu'elle décida d'aller sur place voir ce qui se passait. Sans rien dire, Elsa prit le train. Un taxi la déposa devant la petite maison blanche, autrefois accueillante et gaie. Les volets bleus étaient mi-clos, tout était silencieux ; il lui fallut longtemps tambouriner à la porte avant que Claire, apeurée, ne consentit à lui ouvrir. Lorsqu'elle vit Elsa, elle éclata en sanglots et s'effondra sur la chaise la plus proche. Sana la presser, avec beaucoup de patience et de tendresse Elsa fit parler Claire. Non sans maintes digressions entrecoupées de longs et lourds silences, celle-ci lui raconta une bonne partie de la nuit sa rencontre et ce qu'avait été sa vie ces derniers mois. Et ce qu'entendit Elsa la mit dans une grande colère. Elsa était une femme d'action au féminisme discret mais profond. Furieuse contre celui qui avait ainsi martyrisé son amie, remplie de compassion pour celle-ci, elle prit les choses en main.

« Tu ne peux pas accepter cela. Cela est inacceptable, tu dois le quitter au plus tôt. Il finira par te tuer. Regarde-toi. Ressaisis-toi, tu dois faire quelque chose. D'abord, tu vas changer la serrure et ne plus le laisser entrer ici. Ensuite, tu vas venir avec moi. Nous allons te retaper en un rien de temps et lorsque tu te sentiras de nouveau toi-même, tu lui diras que tout est fini entre vous. C'est une question de salut. C'est un monstre. On ne devrait pas le laisser en liberté ! C'est un danger public ! »

« Tu exagères, Elsa. C'est moi qui suis difficile à vivre. Et puis une alcoolique ! C'est moche. Et puis pourquoi voudrait-il me détruire ? Et puis… »

« Et puis, quoi ? C'est un malade, et sa maladie te ronge aussi. Il faut le fuir comme la peste ! »

« Et puis chaque fois que j'ai essayé de me séparer de lui, il me l'a fait payer d'une manière ou d'une autre. Et puis…. Je ne suis pas sûre maintenant de pouvoir vivre sans lui. Je suis comme possédée. »

« Ne sois pas stupide. Bien sûr que tu peux. Tu as existé avant lui. Tu existeras après. C'est juste lui qui t'empêche d'être ce que tu es. Il t'a démolie et profite de ta faiblesse. Mais quand tu auras repris tes esprits, tu verras… Et puis, maintenant, je suis là, et je ne repartirai pas de sitôt. Ne t'inquiète pas. »

Claire sourit faiblement devant la révolte dynamique de son amie d'enfance. Il était clair qu'aux yeux d'Elsa Antoine était devenu l'ogre à chasser du champ de leur vie. Elle retrouvait bien Elsa telle qu'elle avait toujours été, prompte à prendre les armes, et cela rallumait en elle, au moins à cet instant, une petite flamme d'espoir.

« Pour ce qui est de ton "problème", reprit Elsa, nous verrons tout ça après. Je suis sûre que, sans lui et les horreurs qu'il te fait subir, cela trouvera vite une solution. Pour le moment, je reste avec toi cette nuit et demain je t'emmène chez moi… après avoir changé la serrure, bien sûr. »

Mais le lendemain matin n'ayant pas pu obtenir la visite immédiate du serrurier, elles repartirent vers Paris. C'était un jour de semaine, et il était peu probable qu'Antoine vienne à Chantilly avant le prochain week-end. Le serrurier avait promis de passer vendredi matin, donc tout devrait être réglé à temps. Elles attendirent le week-end, Claire rongée par la fébrilité d'une terreur profonde, Elsa en pleine révolte et prête à la bataille. Qu'allait faire Antoine en trouvant porte close ? Malgré la terreur qui l'avait envahie, Claire se savait, physiquement du moins, en sécurité. Antoine ignorait l'adresse et même l'existence d'Elsa. Mais elle redoutait l'assaut de propos désobligeants qu'il ne manquerait pas de déverser au téléphone. Lorsque le portable de Claire sonna, sa petite musique habituelle prit une résonnance d'orage, de tempête, d'ouragan dévastateur. Elle se mit à trembler. Elsa la prit dans ses bras et son regard insistant lui envoyait une intimation de courage sans équivoque. Claire décrocha et se trouva immédiatement confrontée au déferlement désormais habituel d'attaques et d'insultes. C'était intolérable. Il était arrivé pour trouver la maison vide ; que s'était-il passé ? Elle n'était pas même capable d'être à l'heure pour l'accueillir. Où était-elle passée ? Quelle stupidité était-elle en train de faire au lieu d'avoir mis tout en ordre pour le week-end ? Il était fatigué par sa semaine et devait en plus traîner le poids mort qu'elle était, incapable de faire quelque chose d'utile, incapable d'un comportement correct envers lui qui après tout faisait tourner la baraque. Sotte, ingrate, désinvolte, inutile, voilà ce qu'elle était ! Elle était sommée de rentrer sur le champ.

Au bord des larmes, Claire ne pouvait plus parler. D'ailleurs à quoi bon ? Ce qu'elle avait à dire le mettrait encore plus en fureur. Et comme il la croyait seule, il ne ferait que redoubler d'insultes. Devant le désarroi de Claire et les échos rageurs qui lui parvenaient du téléphone, Elsa le lui prit des mains. D'un ton ferme, elle se présenta à lui. Claire était fatiguée, malade. Elle avait besoin de calme et ne souhaitait donc pas le voir ce week-end, ni vraisemblablement les suivants. Elle le lui dirait personnellement plus tard, mais elle, Elsa, le priait de la laisser tranquille et de ne pas chercher à la voir pour le moment. La réaction immédiate fut une explosion de colère froide et vipérine. Surpris que quelqu'un autre que Claire ait pu l'entendre vitupérer, et confronté à une inconnue qui n'avait pas l'air de s'en laisser facilement conter, Antoine se ressaisit vite et prit le ton faussement courtois et ironique qu'il adoptait si volontiers dans la vie publique. Il exigeait de parle immédiatement à Claire et d'entendre tout ceci de sa bouche, que c'était-il donc passé pour qu'elle ait ce revirement d'attitude inexplicable ? Pourquoi ce week-end subitement raté sans avertissement ? Claire avait parfois de ces foucades, n'est-ce pas. Elle était vraiment si fantasque, trop instable, et lui, bon garçon, devait en supporter les conséquences. Quant à un éloignement plus long, il n'en était pas question. Il n'envoyait pas l'intérêt et n'y croyait guère, car tout allait bien entre eux. Persuadé qu'elle n'oserait pas le démentir, il poursuivit sans vergogne. Claire n'avait aucune raison valable de chercher à l'éviter. Ce ne pouvait être qu'un de ces caprices passagers si fréquents chez une telle instable. Elsa se contenta de lui répéter ce qu'elle lui avait déjà dit et raccrocha. Le téléphone sonna toute la soirée jusqu'à ce que Claire, à bout de nerfs, et sur les injonctions irritées d'Elsa, se décida enfin à l'éteindre. Le weekend fut tendu pour les deux amies. Visiblement, le serrurier n'avait pas tenu parole, et elles ne savaient pas si Antoine était rentré chez lui ou occupait la petite maison blanche. Devant l'inquiétude de Claire, Elsa proposa d'y aller dès le lundi voir ce qu'il en était, lorsqu'il serait reparti de toute façon pour la semaine.

À leur arrivée, elles trouvèrent le serrurier en pleine action. Ayant expliqué la cause de ce retard, il se remit à l'ouvrage d'un air quelque peu embarrassé. Quand elles entrèrent dans la salle, elles comprirent pourquoi le désordre était grand, la vaisselle sale et abondante traînait sur la table, encore garnie des reliefs de repas, des piles de linge (sale ou simplement froissé ?) gisaient éparses sur le carrelage. Rien de tragique certes, mais la mesquinerie de la chose pesa davantage à Claire que de remettre la maison en ordre. Puis, les nouvelles clefs en poche, les deux amies fermèrent portes et volets, confiantes d'être à l'abri d'une telle mésaventure à leur prochain passage. Elles retournèrent chez Elsa, mais Claire, abattue par l'expérience, n'était pas vraiment rassurée. Des sentiments ambivalents la tourmentaient ; elle avait déjà trop souffert de la petitesse cruelle d'Antoine pour être assurée qu'elle y échapperait. L'idée de sa vie sans Antoine, malgré tous ses défauts criants, la laissait désemparée. Quelques jours et quelques nuits passèrent où les longs épanchements de Claire et les conversations plus argumentées entre elles firent mesurer à Elsa, puis à Claire ellemême, l'ampleur du désastre psychologique et affectif dans lequel celle-ci se trouvait. Si bien que Claire se résolut à écrire puis à envoyer la lettre de rupture qui allait lui éviter une confrontation dramatique dont elle n'était pas sûre de sortir indemne aussi bien affectivement que physiquement. Le harcèlement téléphonique reprit de plus belle. Encouragée par le regard affectueux et pourtant impérieux d'Elsa, Claire parvint à ne pas décrocher.

Puis elle eut l'envie et la confiance nécessaire pour vouloir rentrer chez elle. Elsa l'accompagna avant d'aller rejoindre son ami à New York pour quelques semaines. La vue de la petite maison blanche au bout du chemin était accueillante et sereine. Claire avait hâte de retrouver son cadre familier. Elle allait s'y sentir libre et bien, retrouver aussi toiles et pinceaux qui commençaient à lui manquer. Elle avait de nouvelles idées à mettre en œuvre. Cette bouffée d'optimisme énergique dura quelques jours où elle se remit à peindre. Insidieusement pourtant, une sourde inquiétude s'installait au creux de son estomac. Elle n'avait personne avec qui échanger ce qu'elle ressentait, ce qu'elle espérait de son travail et de sa vie. Elle était seule et les soirées, en particulier, lui paraissaient interminables. Peu à peu, ce mal-être l'envahit. Elle qui s'était depuis toujours pensée mal aimée, abandonnée de sa famille, sentit cette angoisse de l'abandon la ballotter comme une vague déferlante. Malgré tout ce qu'il lui avait fait subir, Antoine avait été un point d'ancrage dans sa vie. Il avait représenté une forme, si défectueuse soit-elle, de stabilité qui maintenant lui faisait défaut. En outre, le courrier lui apportait presque chaque jour une facture à régler – l'eau, le gaz, l'électricité, l'assurance de la voiture ou de la maison, le garagiste, le serrurier… Enfermée dans la dépression et l'anxiété, muselée par elles, Claire n'avait rien peint, rien vendu ces derniers mois, et le chèque mensuel qu'elle payait si chèrement par ailleurs s'était évanoui. Lorsque ses pensées allaient vers Antoine, ce n'étaient plus ses mauvais traitements qui se présentaient à elle, mais le souvenir de son corps qui avait su combler le sien. Il lui manquait d'une façon viscérale, qui l'embarrassait mais qu'elle ne parvenait pas à se taire. Elle avait honte d'elle-même, de cet intérêt matériel que le principe de réalité la forçait à admettre comme de ce besoin impérieux que son corps lui manifestait sans pudeur. Elle devait reconnaître à ses propres yeux que la perversité de leur relation n'était pas seulement celle qu'Antoine y avait introduite. L'instinct de vie, la peur de manquer, la peur d'être seule s'étaient insidieusement ligués contre elle et leur coalition l'avait rendue vulnérable et faible, entraînant cette chute sans fin. Claire avait honte, elle se savait coupable elle aussi. Sans personne avec qui en débattre, elle se remit à boire et s'en voulait mortellement les lendemains matin. Son estime de soi déjà si fragile supportait difficilement cette régression. C'était un fait, elle était indigne, et elle avait besoin de la présence d'Antoine auprès d'elle, même au prix de sa maltraitance, pour éviter la dérive absolue. Elle décida qu'elle l'appellerait le lendemain, même si cela impliquait de passer une fois de plus sous ses Fourches caudines et de réintégrer cette cage qui n'était pas si dorée.

Cette humiliation lui fut épargnée. Parmi les factures du lendemain se trouvait une lettre d'Antoine. Comment avait-il su qu'elle était rentrée chez elle, et qu'elle y était seule ? L'avait-il épiée ces derniers jours ? Ces pensées traversèrent Claire, mais elle n'y prit pas garde. Cette lettre, qu'il lui faudrait sans doute payer comme une autre facture, était la bienvenue.

Ils se revirent donc. Tout se passa bien. Antoine avait compris. Il était à nouveau courtois, presque attentionné. L'image du couple bourgeois idéal s'esquissait à nouveau aux yeux de Claire, rassurée, qui se projetait dans un avenir serein. C'est avec une joie naïve qu'elle annonça la bonne nouvelle à

Elsa lorsqu'elles se retrouvèrent au retour de celle-ci. Le visage de son amie s'assombrit sans que Claire le remarquât tout d'abord. Devant le silence sur lequel rebondissaient ses paroles, Claire la regarda avec étonnement.

« N'es-tu pas contente pour moi ? Tout est arrangé. Antoine a compris. Il m'aime. Il est gentil. Il me parle avec plus de respect et de délicatesse. Qu'est-ce que tu as ? »

« Décidément, tu es incorrigible. À ton âge, tu devrais savoir, comme disent les Anglais, qu'un léopard ne change pas ses taches. Antoine t'a exploitée, maltraitée. Il a été mufle, goujat avec toi. Il va forcément le redevenir un jour ou l'autre. Ce type est un cancer moral qui te ronge et te détruit. Et c'est son but. Il aura ta peau d'une manière ou d'une autre. Tu n'as pas pu oublier tout le mal qu'il t'a fait, mais visiblement ça t'est égal. Tu verras bien. Si tu refuses de voir la réalité des choses, je ne peux rien te dire de plus sur ce sujet. Mais je t'en prie, fais attention à toi. N'oublie pas ce qui s'est passé, n'oublie pas que c'est une brute. »

La tristesse du ton d'Elsa fit réfléchir Claire un instant. Mais toute à son bonheur, elle n'était pas prête à se projeter dans un avenir moins riant.

Il s'avéra, effectivement, que le léopard n'avait pas changé ses taches. Sournoisement, peu à peu, les propos désagréables, les commentaires déplacés, les rebuffades, les mises en garde contre Elsa, qui n'allaient pas jusqu'à « c'est elle ou moi » mais qui cherchaient à faire naître le doute dans l'esprit de Claire, prirent de l'ampleur. Les week-ends à Chantilly furent à nouveau des épreuves de plus en plus frustrantes et pénibles. Bref, tout redevint comme avant, puisqu'Antoine, maintenant assuré que Claire ne pourrait plus le quitter, n'avait plus besoin de se contrôler. Le cycle infernal reprit de plus belle. Claire s'était remise à boire.

Vint un jour où Claire ayant refusé de rentrer à Paris avec lui ce soir-là, Antoine essaya une nouvelle tactique. Il savait maintenant que sa maîtresse redoutait l'abandon plus que tout. Il lui signifia donc sèchement son départ, prit son sac, sortit en claquant la porte. Déconcertée par une réaction si démesurée, Claire courut derrière lui pour tenter de se justifier, puisqu'elle était coupable, bien entendu. Il démarra brutalement et Claire, accrochée à la portière, en perdit l'équilibre. La voiture et son conducteur étaient partis, sans un regard en arrière de celui-ci. Penaude, meurtrie dans son âme et dans son corps, Claire fut obligée de reconnaître qu'Elsa avait eu raison. La mort dans l'âme, elle lui téléphona pour lui annoncer que cette fois, c'était bien fini. Elle n'avait vraiment plus rien à espérer d'Antoine. Une nouvelle fois, elle avait été bernée, manipulée. Il lui fallait se rendre à l'évidence. Il l'avait quittée. La rupture et l'abandon étaient venus. Elle n'en pouvait plus d'être ainsi seule, mais elle savait à présent qu'être avec lui s'était avéré pire encore. Elle était tellement méprisable et faible qu'il ne voulait plus d'elle. Est-ce qu'Elsa pouvait l'accueillir à nouveau quelque temps ? Il lui était impossible de rester seule dans sa maison pour le moment.

De retour à Paris, Antoine attendit la réaction de Claire. Il était sûr qu'elle allait s'accrocher à lui comme elle s'était accrochée à la voiture et qu'il pourrait ainsi lui montrer qui était maître du jeu. Les jours et les semaines passèrent et Claire n'appelait toujours pas. Que se passait-il ? Il ne pouvait pas s'être trompé à ce point. La détresse criante qu'elle avait manifestée à son départ l'avait bien montré. Claire était incapable de se séparer de lui, elle lui devait tant. Était-ce l'effet d'un agent extérieur ? Cette garce d'Elsa serait-elle à nouveau dans le tableau ? Il ne pouvait pas, décemment, appeler le premier. Cela détruirait tout son effet. Il décida d'aller discrètement voir ce qui se passait à la petite maison blanche. Elle était fermée, volets clos, silencieuse, inhabitée.

Cette dérobade était intolérable. Privé de son jouet, frustré de son effet, impuissant devant cette évasion, Antoine rumina une riposte.

Lorsqu'Elsa raccompagna Claire chez elle quelques semaines plus tard, elles aussi virent, mais avec plaisir, la petite maison blanche aux volets bleus bien clos, silencieuse et paisible.

Cependant, cette impression rassurante fit bientôt place à la perplexité et à l'inquiétude lorsque les jeunes femmes s'aperçurent que le même spectacle affligeant s'était répété à l'intérieur, qu'il semblait les narguer. Pourtant la nouvelle serrure n'avait pas été forcée, et Antoine ne pouvait pas en avoir la clef. Il était revenu et avait trouvé le moyen d'entrer malgré tout. En pénétrant plus avant, la perplexité et l'inquiétude firent place à l'indignation. Lorsque Claire ouvrit la porte de son atelier, le mystère fut vite élucidé. Il était passé par le jardin, avait cassé la grande vitre de l'atelier pour entrer directement par là et violer, aux yeux de Claire, la partie la plus intime de la maison.

Antoine s'était vengé. La bassesse de sa vengeance infligeait encore une nouvelle humiliation à la femme et à l'artiste. Certaines toiles avaient été piétinées, d'autres déchirées ou souillées par l'eau sale dans laquelle étaient restés quelques pinceaux. Cette fois, c'en était trop, même pour Claire. Sur le conseil d'Elsa, elle photographia tous les dégâts. La vue de son travail saccagé galvanisait sa colère. Sur le champ, elle appela Antoine, qui, mufle narquois, chercha à la persuader qu'elle n'avait pas matière à se plaindre, et n'était pas en position de le faire. Quant à le quitter, c'était lui qui en déciderait où et quand il le voudrait. Elle faisait une montagne de ce qui s'était passé. Il n'avait fait que lui donner une bonne leçon en lui rappelant à quel point son existence et même ce qu'elle appelait son « travail » dépendaient de lui. Elsa avait perçu la conversation. Outrée, elle prit, une fois encore, le téléphone des mains de son amie. De sa voix calme et ferme, elle fit entendre à Antoine qu'il avait outrepassé non seulement la décence la plus élémentaire mais que sa conduite indigne avait aussi enfreint la loi et que Claire était en position de porter plainte. Il ricana. Jamais elle n'oserait et qui croirait cette « fêlée ». « En êtes-vous si sûr ? Après tout, vos empreintes sont partout ; il y a eu effraction et violation de domicile. Je suis témoin de ceci et de bien d'autres choses ces derniers temps. Et croyez-moi, je l'y encouragerai. Nous avons des preuves. Et un scandale de cette nature ne serait guère agréable dans votre position, n'est-ce pas ? Nous allons déposer une main courante, et si vous ne laissez pas Claire définitivement tranquille, nous déposerons effectivement plainte, une plainte à laquelle s'ajouterait bien sûr celle pour harcèlement. »

Comme tout pervers narcissique, Antoine était lâche. Et seulement fort avec ses victimes. Mais Elsa était d'une autre trempe. N'ayant pas pu la convaincre que ceci n'était tout au plus qu'une querelle d'amoureux sans importance, il essaya de la persuader qu'après tout c'était lui la victime des dérèglements extravagants et des médisances de Claire, et n'ayant pas davantage réussi à l'intimider par des propos agressifs qu'à la manipuler par ces déclarations fallacieuses, il abandonna le terrain en maugréant, bien décidé à trouver une nouvelle riposte vengeresse.

Il se décida à écrire à Claire. Une lettre presque charmante où il l'assurait de ses regrets, de son amour et de son chagrin à l'idée d'être séparé d'elle, l'invitant à déjeuner pour éclaircir leur situation. Claire fut tentée. Elle se sentait, malgré tout cet enchaînement de faits horribles, encore attachée à lui. Mais après de multiples tergiversations, comme elle aimait la vie et n'avait pas foncièrement le goût du malheur, échaudée par l'expérience malheureuse de ces derniers mois où elle s'était laissée naïvement berner par ses propres rêves, cornaquée par Elsa, elle tint bon cette fois, finit par décliner toute nouvelle rencontre et le pria de la laisser définitivement en paix. Antoine, furieux de cette résistance entêtée, n'était guère prêt à obtempérer, car il savait que sa persistance impérieuse lui permettrait sans doute de faire plier Claire, comme il avait réussi à la soumettre jusque-là. Mais, en l'occurrence, la présence vigilante d'Elsa, sa forte personnalité, sa méfiance imaginative et surtout les menaces de poursuites judiciaires, qui feraient tache à sa réputation et pourraient lui nuire dans sa carrière, alimentèrent sa réflexion et l'empêchèrent d'aller plus avant.

Comme tout pervers narcissique aussi, il ne pouvait supporter de perdre la face, tant vis-à-vis des autres que de lui-même. Il parvint sans trop de peine à se persuader que finalement, c'était lui qui avait quitté Claire. Hormis pour le confort qu'elle avait apporté à son corps et à son ego, il n'était pas vraiment très attaché à elle. Une fois pansée l'éphémère blessure d'amour propre causée par cette rupture, il s'empressa d'oublier qu'en fait il ne l'avait pas décidée, et trouva plus satisfaisant de penser qu'il s'était lassé de Claire, une femme sans envergure, une femme de rien. Après tout, il était riche, il était beau, il se mit donc bientôt en quête d'une autre proie, d'une autre victime.

Il était riche, il était beau, mais c'était un salaud.

Histoire moins banale

La place de la Sorbonne était éclatante de soleil et les jets de la nouvelle fontaine cascadaient agréablement. En fermant les yeux, on aurait pu, un instant, se croire à Grenade. Mais Estelle ne fermait pas les yeux. Elle sortait de l'École des Chartes et ce lieu qui lui était familier l'impressionnait d'un jour nouveau. Contrairement à l'ambiance habituelle, il n'y avait guère de bruit ni de mouvement. Le Boul' Mich' était lui aussi plus calme que d'habitude, les terrasses des cafés presque vides. C'était le début de l'été et la masse des étudiants, résultats en poche, s'était dispersée aux quatre coins du monde.

Le tour d'Estelle était lui aussi venu. Elle venait de soutenir sa thèse. Elle était diplômée et bientôt serait officiellement archiviste paléographe, tout comme Pierre qui travaillait aux Archives nationales depuis deux ans déjà. Elle savait qu'elle allait recevoir dans quelques jours une proposition de contrat, qu'elle accepterait bien sûr. Plus rien ne les séparerait. Ils allaient travailler ensemble, comme ils avaient étudié ensemble. Ils allaient même vivre ensemble, une vie sereine, calme et harmonieuse ponctuée par leur passion commune pour ce métier qu'ils avaient tous deux choisi. Le soleil de la place illuminait tout l'être d'Estelle, la petite musique de l'eau l'imprégnait tout entière. Un sourire intérieur, une joie profonde étaient en elle.

Après des années de travail intense et de doute, elle avait réussi à atteindre le but qu'elle s'était fixé encore adolescente. Passées les angoisses du concours, les années à l'École avaient été passionnantes malgré l'austérité apparente des disciplines enseignées. Des maîtres érudits, eux aussi passionnés, avides de transmettre un héritage séculaire avaient préparé au fil des ans la petite promotion de ceux qui leur succéderaient un jour et qui prendraient soin d'un patrimoine ancien, riche et fragile, disséminé dans tout le pays, héritage de tous souvent insoupçonné et pourtant si précieux.

Mais aujourd'hui, en cette fin d'après-midi, toute épreuve oubliée, Estelle voulait jouir du présent et s'installa, le cœur léger, à la terrasse du Saint Louis, désertée par les habitués pour y attendre Pierre. C'était un sentiment étrange et quelque peu exaltant, ce lieu familier devenu soudain non pas étranger mais neuf. La place de la Sorbonne lui appartenait tout entière et elle se délectait de cet état éphémère, de cette harmonie nouvelle entre elle et le lieu. Estelle était sensible à l'esprit des lieux. Se sentir ainsi habitée par cette fraîcheur, cette lumière et cet espace libre la dynamisait et la rendait sereine à la fois. Elle commanda un citron pressé dont la fraîcheur, le parfum et la saveur acidulée lui semblaient en harmonie avec ce qu'elle ressentait en cet instant privilégié. Ce bien-être paisible était si nouveau qu'elle se sentait elle aussi neuve et vivante. La conscience du temps qui habitait sa vie intellectuelle comme son être intime s'estompait, et ce fut presque avec surprise qu'elle s'entendit interpellée. Pierre s'installait à ses côtés avec un soupir de satisfaction et un sourire heureux. « Alors, ça y est, chère collègue, te voici couronnée et libre. Ils n'ont pas été trop intransigeants et tu as su les convaincre de ton érudition charmante et de la rigueur de ta pensée profonde… ? Car visiblement tout s'est bien passé. Tu sembles flotter sur ton petit nuage. Félicitations. Nous allons enfin pouvoir passer aux choses sérieuses, comme nos vacances, par exemple. Qu'en penses-tu ? Si tu peux redescendre auprès de l'humble mortel à tes côtés... » « Oui, tout va bien. Et je profitais simplement de ce moment. Je suis là et prête pour notre aventure de l'été. » « Alors, dans quel sens souffle le vent ? Où partons-nous ? » Sans réfléchir, Estelle lança : « Grenade ». Pierre éclata de rire. « Eh bien tu n'y vas pas de main morte ! Grenade en juillet ! Tu veux nous faire rôtir ! » « C'est cette fontaine et cette lumière qui m'ont inspirée. Mais tu as raison. Ce n'est pas raisonnable. Trop cher, trop loin, trop chaud. » Et avec une pointe d'interrogation ironique « Ce sera pour notre voyage de noces ». Pierre sourit « Il faudrait d'abord que tu te décides sur la date du mariage. » Suivit un silence. Depuis des semaines, des mois, ils évoquaient cette perspective, mais la décision avait été remise à plus tard, « après les examens, après la soutenance, quand on saurait où l'on va professionnellement... » Mais voici que l'échéance était arrivée à son terme, et la vie nouvelle s'ouvrait à eux. Pour le moment, ils repoussèrent cet aspect de leur conversation pour parer au plus immédiat. Ils décidèrent qu'une randonnée dans les Alpes serait peut-être une solution plus sage et tout aussi agréable, la beauté de la nature l'emportant sur celle des constructions humaines.

La montagne ne les trahit pas. Les promenades quotidiennes dans ces paysages grandioses où le fond des lointains sommets de pierre grise coiffés de leurs neiges éternelles mettait en valeur, par leur austère contraste, les couleurs multiples de la montagne d'été à leurs pieds les remplissaient tous deux d'une joie, d'une sorte de jubilation, d'un sentiment de respect et d'admiration mêlés qui les apaisait profondément. Pénétrés de la chaleur du soleil, ils marchaient à la découverte des petits lacs qui apparaissaient soudain au détour d'un gros bloc de rochers ou d'un monticule recouvert de fleurs minuscules et de courtes herbes, ouvrant une autre perspective jusqu'alors insoupçonnable. Ils allaient ainsi, sac au dos, d'un pas régulier, sous le soleil ardent dans l'air pur ou appréciant la tiédeur passagère d'un boqueteau traversé, oubliant le temps qui passait et emplissant leur cœur de sérénité et de bonheur. Ce bel été qui les rapprocha encore davantage opéra comme un signal. Ils finirent par rentrer à Paris et fixèrent enfin la date de leur mariage. Intime et modeste, il changea à peine le rythme de leur vie. Ils étaient tout simplement, paisiblement heureux, confiants et sans passion.

Entre-temps, la lettre était arrivée. À compter du premier octobre, Estelle était nommée conservateur stagiaire aux Archives nationales. Elle devait se présenter avant la date indiquée au conservateur en chef à la direction des fonds, Mlle Le Gilvinec. Estelle était ravie. C'était le service qui l'intéressait le plus. Rendez-vous fut pris, et ce ne fut pas sans émotion qu'elle franchit le seuil de l'hôtel de Rohan-Soubise pour la première fois en tant que professionnelle. L'idée de travailler désormais dans ces bâtiments élégants, harmonieux, pétris d'Histoire, et maintenant symboles de la continuité, de cette vie qui se perpétuait depuis des siècles entre passé et présent, la remplissait d'une excitation joyeuse. Certes, les couloirs et les salles traversées avaient bien perdu leur lustre, mais même les parquets affaiblis, la peinture écaillée par endroit une fois atteinte la zone réservée au personnel, ne parvinrent pas à éteindre cette émotion. Le bureau de Mlle Le Guilvinec était en harmonie profonde avec celle qui l'occupait. Gris, austère, impeccablement ordonné, effroyablement triste, dénué de tout superflu. Mlle Le Guilvinec était presque une caricature d'elle-même, vieille fille sèche et sans élégance dans ses vêtements classiques, ternes, sans âge ; mais ses yeux perçants et intelligents derrière d'épaisses lunettes de myope laissaient paraître sa compétence intransigeante, sa vigilance permanente, dénuée de toute bienveillance comme de la moindre malveillance. Estelle se sentit immédiatement jaugée, radiographiée jusqu'au plus profond de son être qui se recroquevilla de malaise et de timidité. S'il ne fut pas chaleureux, ce premier entretien eut le mérite d'être clair. Puisque la jeune femme avait fait son stage de fin d'études aux Archives départementales de Colmar en charge des archives de notaires (Estelle parlait allemand, une rareté qui lui avait valu cette affectation.), elle commencerait sa carrière en travaillant sur le minutier des notaires parisiens.

Ce n'était probablement pas le poste le plus noble ni le plus exaltant en ces lieux, mais pour la jeune femme il était néanmoins plutôt fascinant. En effet, ce que Estelle aimait dans son métier, ce n'était pas tant les merveilleux vélums médiévaux, si doux au toucher, aux encres noires ou rouge franc inaltérées par les siècles, les parchemins aux larges écritures anciennes brunies, qui conservaient la mémoire d'événements importants et des grands de ce monde disparu, que ces documents plus humbles et si révélateurs de la vie de gens plus ordinaires qui, grâce à eux, et aux soins d'autres gens ordinaires comme Estelle, atteignaient une sorte d'immortalité. À travers eux, c'était un passé de tous les jours, ou presque, avec ses sentiments, ses générosités et ses petitesses, qui étaient mis en scène et qu'il fallait préserver car son humanité, sous des formes peut-être différentes, était la nôtre. Le travail de l'archiviste paléographe était bien de déchiffrer, dans plusieurs sens du terme, ce passé qui n'en était pas autant un qu'on le pense, parfois. C'était cette vie que Estelle ne faisait pas revivre, comme on le dit souvent, mais qu'elle maintenait visible pour tous ceux qui savent voir. Le minutier la fascina dès l'abord par sa diversité. Il l'entraînait du Moyen-Âge jusqu'au Paris de ses grands-parents. Ce voyage à travers les siècles de l'Histoire de la capitale était pour Estelle dont la curiosité était vaste et multiple, un émerveillement quotidien. Il n'y avait aucune monotonie dans ce travail où devaient se mêler diverses compétences techniques et de sérieuses connaissances historiographiques.

Bref, elle aurait été parfaitement heureuse dans ce travail, n'eût été l'atmosphère délétère qu'à sa grande surprise elle perçut dès les premiers jours dans le service. Deux autres jeunes femmes y travaillaient. Sous leurs premiers sourires accueillants, Estelle perçut bientôt une sourde malveillance, qui ne se limitait pas à la nouvelle arrivante. Entre elles, il fut vite clair pour elle que les choses n'allaient pas mieux. C'était un vrai nid de guêpes. Il ne se passait pas de journée sans quelques réflexions désagréables et blessantes, sous d'apparents bons mots, il est vrai, mais qui telle la piqûre de cet insecte redouté, laissait une sensation de brûlure intense qui persistait un temps. Estelle décida qu'elle n'entrerait pas dans ce jeu déplaisant et trouva donc un intérêt accru dans la concentration renforcée qu'elle mit à la découverte du minutier et des soins qu'elle lui apportait.

Heureusement, il y avait Pierre. Pierre, sa force intérieure, sa patiente solidité, sa maturité, qui, depuis des années maintenant, était l'élément stable et rassurant de sa vie. Les premiers mois qu'ils passèrent ensemble à l'hôtel de Rohan-Soubise leur permirent de partager plus concrètement l'intérêt que tous deux portaient à leur métier. C'était encore plus riche que leurs discussions à l'École. C'était bien réel, un partage vivant et enraciné dans le quotidien de la matière qu'ils travaillaient avec bonheur. Ces échanges stimulaient leur vie dont le reste était, somme toute, assez banal. Le temps passant ils éprouvèrent moins le besoin de partager la quotidienneté de leur vie professionnelle, et peu à peu le silence s'installa dans l'appartement. La vie continuait, sans heurt ni joie particulière. Quelques années passèrent ainsi confortablement installés dans une monotonie assoupissante.

Vint cependant un jour où la révélation de cette situation atteint Estelle avec un sérieux pincement au cœur. Les petites déceptions de la vie quotidienne avaient sournoisement détendu le lien qui les unissait depuis si longtemps. Il lui semblait maintenant que Pierre était entré dans le mariage comme on s'assied dans son fauteuil après avoir mis ses pantoufles, et qu'elle avait accepté cette attitude sans réflexion ni résistance. Certes, Pierre avait donné le ton, mais elle avait aussi joué sa partition dans ce duo. Cette soudaine prise de conscience la perturbait car elle ne voyait pas comment sortir de cette tristesse qui encapsulait ce qui lui apparaissait comme la faillite de leur mariage. Comment ranimer l'enchantement d'être ensemble, de partager à nouveau pensées, sentiments, émotions ? Le cœur lourd, elle rumina cet échec pendant des semaines. Prise entre la perfidie des rapports humains aux Archives et l'effondrement de sa vie personnelle, Estelle était envahie d'un lourd accablement qui rongeait son goût de vivre. Acculée de partout, elle se mit à déprimer sans rien dire à personne. D'ailleurs à qui aurait-elle pu se confier, puisque Pierre ne voyait rien et continuait sa vie tranquille entre bureau et appartement ? Tout semblait bien aller pour lui, et cette satisfaction visible qu'elle interpréta comme une forme d'indifférence à son égard, se mit à irriter Estelle. Il fallait que tout cela change.

Paradoxalement peut-être la solution lui vint de l'extérieur. Lors d'une pause-café, elle apprit, par hasard, au détour d'une phrase anodine, qu'on recherchait une ou deux archivistes pour les départements qui allaient déménager à Fontainebleau. Peu de ces Parisiens étaient tentés par cet exil loin du décor polisse de l'hôtel de Rohan Soubise. Pour Estelle, ce fut l'illumination. Cela lui permettrait d'échapper à la tutelle pesante et glaciale de mademoiselle Le Guilvinec, au nid de guêpes dans lequel se mouvaient ses collègues, comme à la vie maintenant si monotone auprès de Pierre. De plus, l'idée de la petite ville provinciale avec sa forêt immense n'était pas sans charme. Sans dévoiler son projet, elle y entraîna Pierre pour un week-end afin de clarifier sa pensée.

Enclose de tous côtés dans une magnificence d'arbres, l'élégante austérité minérale de la ville où résonnaient les pas entre les sobres façades claires bordant les rues perpendiculaires, contrastant, en plein cœur, avec l'imposante silhouette élaborée du palais la séduisit. Estelle songea qu'elle pourrait y vivre sereinement si le poste proposé lui convenait aussi.

Après quelques jours de réflexion, d'un ton déterminé, comme si elle attendait des objections, elle annonça sa décision à Pierre. Il pâlit, mais, d'une voix qui se voulait enjouée, approuva ce nouveau plan de carrière, comme s'il n'en mesurait pas les implications pour leur couple. Bien sûr, il n'était pas question qu'elle fît le trajet tous les jours… Ils feraient comme bien des couples professionnels aujourd'hui. Ils se retrouveraient le week-end, ici ou là-bas, en attendant de voir si ses propres projets évoluaient. Estelle se dit alors que Pierre aussi avait senti l'éloignement qui s'était installé entre eux et qu'après tout son départ lui était peut-être un soulagement. Soulagement pour elle aussi, mais pincement au cœur, légère déception, quand même…

L'installation à Fontainebleau ne fut pas difficile. Un grand studio lumineux au centre-ville dans l'un de ces immeubles du XIXe siècle, bien aligné qui donnait non pas sur la rue mais sur un jardin intérieur, parut à Estelle une nette amélioration sur l'appartement parisien qu'elle avait partagé avec Pierre. Celui-ci l'aida à s'installer et lui offrit un petit chien « pour qu'elle ne soit pas totalement seule toute la semaine ». Ce n'était pas vraiment ce dont rêvait Estelle, mais elle apprécia la symbolique du geste, et Poppy sut très vite se faire aimer. Quant aux Archives à Fontainebleau, elles entraient dès l'abord en contraste flagrant et défavorable avec l'hôtel de Rohan. Ici, point de recherche ni d'élégance architecturales mais un bâtiment des années soixante des plus banal, et déjà marqué par un manque d'entretien chronique, dépourvu de toute patine historique, situé non pas au cœur de la ville mais dans une rue qui bordait un terrain militaire aux abords de la forêt. Malgré sa date de construction relativement récente, le bâtiment suintait déjà la vétusté. Une vague sensation de découragement saisit Estelle lorsqu'elle y fit son entrée. Mais son entretien avec M. Bourdon, le conservateur en chef, estompa vite cette première impression. C'était un homme d'âge moyen, plutôt énergique replet et jovial, qui se réjouissait d'accueillir cette jeune collaboratrice, ravie à la maison mère et à la capitale. Il la présenta à ses nouveaux collègues ; eux aussi l'accueillirent avec un plaisir évident. Instruite par son expérience antérieure, Estelle laissa passer les premiers jours avec une réserve méfiante. Mais aucune pique, aucune manifestation antagoniste n'étant survenue, elle comprit que si elle avait perdu au change pour ce qui était du cadre et du prestige qui s'y attachait, elle avait gagné pour ce qui était de l'ambiance et de l'humanité du lieu. Le travail était peut-être moins passionnant, étant donné la nature du fond qui lui était confié, mais elle pouvait le faire dans le partage et la détente née de cette camaraderie professionnelle. Elle se plaisait à Fontainebleau et sa vie s'organisait agréablement.

Elle aimait le marché sur la place de l'Hôtel de Ville avec la variété de ses étals, les marchands gentiment hâbleurs et enjoués, la foule hétéroclite des Bellifontaines, femmes d'officiers ou de juristes au coude à coude avec les matrones locales ou les petites vieilles plus ou moins démunies mais toujours déterminées pour choisir les plus beaux fruits ou les légumes aux formes variées, les poissons aux yeux les plus brillants, les fromages juste à point. Ce spectacle l'amusait chaque semaine par l'observation des caractères, des principes, des préjugés, ou des propos saisis à la volée, ainsi mis en scène.

Elle avait de moins en moins envie de rentrer à Paris, même pour y retrouver Pierre et préférait qu'il vienne la rejoindre chez elle. Au bout de quelques mois, ces visites réciproques s'espacèrent et quelques mois encore leur firent convenir qu'ils devraient peut-être y mettre fin. Cette séparation sans heurt ni reproche, par lassitude, les attrista tous deux sans vraiment sembla-t-il à Estelle, les atteindre profondément. Pierre avait compris, d'intuition qu'on ne pouvait retenir personne, même – surtout – quand on l'aimait.

Les archivistes de tous âges, y compris M. Bourdon, aimaient à se retrouver le soir dans les cafés de la Rue grande. Après avoir promené Poppy dans le Parc ou la forêt, Estelle les y retrouvait avec le petit chien. Puis chacun rentrait chez soi, allait au restaurant ou au cinéma par petits groupes. Le plus souvent, Estelle rentrait chez elle, mais elle se joignait aussi parfois aux groupes plus festifs.

Ce qu'elle préférait toutefois, dès le début de son installation, était de longues promenades avec Poppy, sans but précis, dans la forêt. Cela la remplissait d'un bien-être apaisant et joyeux, sans autre raison que la découverte de cette étendue qui paraissait sans fin, aux essences et aux paysages multiples. L'odeur légèrement musquée et piquante d'un début d'automne, le sous-bois humide, la lumière bleue du ciel touchant les arbres qui se resserraient sur le sable clair du chemin tavelé de leurs ombres, le soleil tombant sur l'or et le cuivre naissants des fougères, le chuintement de ses pas réguliers sur les feuilles sèches, tandis que de la canopée d'autres feuilles pleuvaient sur elle et sur le chemin au gré du vent, tout cela la ravissait. Ses pas faisaient craquer les glands et les bogues des châtaignes qui s'écrasaient dans le sable. Le petit chien partait à fond de train avant de s'arrêter pour flairer les herbes en bordure du chemin, puis s'engageait à pas comptés dans le sous-bois le nez dans les feuilles mortes et divaguait gentiment autour de quelques fougères encore hautes et vertes.

Parfois, au détour de l'allée, une haute silhouette apparaissait ; cheval et cavalier, détendus, rênes longues, goûtant eux aussi leur promenade dans l'ai encore tiède de la fin d'après-midi. À sa voix, le petit chien s'asseyait, heureusement silencieux, avec l'étonnement de l'inexpérience, pour regarder passer ce géant à quatre pattes, à bonne distance. Eux ne semblaient pas les avoir vus et rien ne troublait le pas lent du cheval. Rencontre inopinée dans la forêt autrement désertée par les hommes. Vision qui ravivait des sensations passées, souvenirs anciens d'un petit pur-sang noir qu'on ne pouvait guère laisser rênes longues mais avec qui se goûtaient aussi de tels moments délicieux. Estelle était heureuse de ce bonheur simple et furtif. Ni Paris ni Pierre, dont les visites puis les coups de fil s'étaient estompés, ne lui manquaient alors. Un sentiment de plénitude et de permanence l'habitait. Sa nouvelle vie lui plaisait davantage qu'elle ne l'avait imaginé.

L'hiver venu, les promenades en forêt se firent plus courtes et rares. Estelle se dit qu'il lui faudrait trouver une nouvelle activité en fin de journée. Elle en parla à Corinne avec qui elle partageait le bureau et s'était liée d'amitié. Celle-ci lui proposa de l'accompagner au yoga. Étant plutôt contemplative, Estelle fut prête à tenter l'expérience, et les deux jeunes femmes prirent ainsi l'habitude hebdomadaire d'aller ensemble au dojo. Cette régularité apaisante était bénéfique pour Estelle qui était quand même troublée par sa séparation. Peu à peu entre Corinne et elle s'établit une zone de confidences plus intime, une amitié plus profonde et plus solide. C'est alors qu'Estelle rencontra Mathieu, vague cousin de Corinne, qui habitait dans un village des environs. Mathieu fut immédiatement séduit par Estelle et le lui fit savoir très vite. Il venait d'être nommé ingénieur en chef à la centrale des Renardières où son autorité naturelle n'était pas sans faire quelques remous. C'était un homme assez beau, sportif, dynamique et sûr de lui, bien différent de Pierre. La jeune femme, flattée de cette attention et curieuse de la nouveauté de la situation, se laissa séduire à son tour. Bientôt, Mathieu devint une présence quotidienne dans la vie d'Estelle. Il venait la chercher à la sortie des Archives, allait promener Poppy avec elle, l'entraînant dans des promenades plus longues et plus sportives dans la forêt, dînant avec les deux jeunes femmes après leur cours de yoga. Corinne, qui était seulement au courant de cet épisode hebdomadaire s'en amusait un peu. Elle n'avait jamais vu son cousin aussi souvent. Mais lorsqu'un jour Estelle lui annonça qu'elle allait s'installer chez Mathieu, son regard prit une expression d'étonnement mêlé d'inquiétude. Elle connaissait Mathieu depuis l'enfance. Toute à l'excitation joyeuse de sa révélation, Estelle ne perçut pas l'expression de Corinne. L'eût-elle perçue, elle l'aurait d'ailleurs oubliée dans l'instant, tant son attachement pour Mathieu était devenu vif et incontrôlable. Venant après la quiétude monotone de son union avec Pierre et une période de relative solitude bellifontaine, la passion que lui manifestait Mathieu avait bouleversé son univers affectif et mental. Elle était entraînée dans ce déferlement passionnel pourtant si peu conforme à son tempérament comme à ses habitudes. Elle abandonna son grand studio du centre-ville pour s'installer dans la maison de pierres grises du petit village niché dans la forêt. Ce changement l'enchantait. La maison n'était pas très grande. Elle était entourée d'un jardin laissé à l'état sauvage et enclos d'un haut mur de pierres grises, elles aussi, qui serait parfait pour Poppy. Mais de l'étage, au-delà des jardins, on voyait la forêt toute proche. Les différentes essences des arbres se distinguaient par leurs diverses nuances de vert qui se détachaient sur le ciel, et Estelle ne se lassait pas du spectacle. Elle songeait avec plaisir à cette nouvelle vie avec Mathieu dans un lieu, lui aussi, si plein de charme.

Au bout de quelque temps, il lui fallut pourtant s'avouer que les choses n'étaient pas si simples et que ce qui lui avait tout d'abord parut comme la perspective d'un bonheur champêtre n'était pas sans certains revers. Mathieu qui au début de leur relation s'était joint volontiers aux promenades de Poppy s'irritait maintenant de la présence du petit chien chez lui et ne se privait pas de le manifester. Cette irritation devint si lourdement palpable qu'Estelle, la mort dans l'âme, et pour éviter des incidents domestiques à répétition, se résolut à demander à Pierre de reprendre Poppy. La réaction de l'homme fut ambivalente. S'il était malheureux de voir Estelle se séparer d'un cadeau qu'il lui avait fait, et cela pour satisfaire son rival, il était ravi d'avoir auprès de lui tous les jours quelque chose qui lui avait appartenu et qui, malgré tout, comptait pour elle. C'était un peu de sa présence qui rentrait à nouveau dans l'appartement où il était désormais solitaire.

Maintenant qu'Estelle vivait chez lui, Mathieu l'invita, l'admonesta, la harcela pour qu'elle divorce de Pierre. Mais plus il se faisait insistant et péremptoire, moins Estelle avait envie de bouger, bien qu'elle comprît son insistance. Il s'agissait de préparer leur union définitive et son compagnon prenait fort mal son manque d'empressement. Mais une petite voix intérieure tout comme un vague sentiment de rébellion face à l'impériosité de l'homme la poussaient à attendre.

Mathieu, qui n'avait rien changé de ses habitudes, exhortait Estelle à le rejoindre. Longues balades à vélo, initiation au tennis, dimanche matin à la piscine devinrent les figures imposées de leur vie commune. Stimulée par la nouveauté de ces expériences, Estelle s'y adonna volontiers tout d'abord. Mais sa nature plutôt contemplative n'y trouvait pas son compte. D'autre part, Mathieu supportait de plus en plus mal qu'Estelle s'attarde à Fontainebleau avec ses collègues. Si bien qu'au bout de quelques mois, la jeune femme, conciliante, se trouva isolée, pratiquement sans autre contact que Mathieu en dehors des heures de bureau. Il lui fallut bien admettre qu'elle vivait certes avec un homme qu'elle aimait et qui disait l'aimer, mais qui était un véritable tyran domestique. Comme elle était très attachée à lui, Estelle se soumit à cette situation si nouvelle pour elle, espérant qu'avec le temps ce qu'elle préféra interpréter comme une preuve de la passion de Mathieu, la voulant toute à lui, allait s'estomper.

La seule personne dont Mathieu n'était pas jaloux était Corinne. Elle pouvait leur rendre visite sans créer le moindre ombrage, et son amitié, seule bouffée d'oxygène autorisée, était d'autant plus précieuse pour Estelle. Lorsque celle-ci entreprit de civiliser le jardin, Mathieu ne s'y opposa pas à condition de ne pas participer à l'entreprise. Corinne, déjà bonne jardinière, se proposa d'aider Estelle. L'habitude fut prise, et ces rencontres fréquentes dans l'accomplissement d'une tâche commune resserra l'intimité qui pouvait les unir. Les échanges de confidences se multiplièrent tandis que les plates-bandes s'assagissaient et que les fruits de leur travail devenaient visibles et substantiels. Le jardinage apaisait Estelle, dont le malaise grandissant devenait de plus en plus perceptible à son amie. Après avoir gardé le silence pendant des semaines, Corinne, mal à l'aise, s'excusa de sa sincérité et lui parla de Mathieu. De son enfance, de son passé. Elle finit par dire qu'elle l'avait toujours trouvé plutôt instable et que son tempérament jaloux et possessif expliquait peut-être sa solitude jusqu'à sa rencontre avec Estelle. Il n'était guère probable qu'il changeât et Estelle devrait s'y faire ou rompre. Celle-ci, songeuse, resta sans voix un moment puis se mit à parler d'autre chose. Dans son for intérieur, elle n'en voulait pas à Corinne. Ses propos s'accordaient trop bien avec ce qu'elle pressentait confusément et qui la blessait tant. Cela confirmait son vague sentiment de s'être fait piéger. Mais que faire maintenant ? Elle était toujours attachée à Mathieu et malheureuse de la vie qu'il lui faisait mener. Il était inenvisageable de le quitter, et pourtant elle ne pouvait accepter un avenir de contrainte et d'isolement auprès d'un homme qui finalement ne respectait ni ses besoins ni ses désirs.

Cette fois encore, la solution parut venir de l'extérieur. La vétusté notoire du bâtiment des Archives avait enfin été perceptible à l'Administration, puisque le délabrement était devenu tel qu'il mettait en péril les documents qu'il était censé préserver. Un séminaire fut convoqué à Paris pour débattre des solutions possibles avant qu'il ne soit vraiment trop tard. De mauvais gré, Mathieu dut accepter de voir Estelle partir loin de leur maison pour quelques jours et surtout dormir chez des amis qu'il ne connaissait pas. Cette visite à l'hôtel de Rohan réveilla bien des souvenirs chez Estelle, et une légère nostalgie lui fit négliger les moins agréables. Elle y retrouva également Pierre qui l'accueillit avec gentillesse et un plaisir évident.

En fait de séminaire, il devint rapidement clair aux archivistes qui y participaient que leur administration, dans sa sagesse patriarcale, avait déjà une solution à leur proposer, une solution qui n'était que théoriquement discutable. D'ici un ou deux ans, il était envisagé de fermer le centre de Fontainebleau qui tombait en ruine pour déménager l'ensemble de son fonds à Pierrefitte, où des bâtiments neufs étaient en train de sortir de terre. Bien entendu, les archivistes concernés seraient consultés sur le choix de leur prochaine affection : retour à Paris avec changement de responsabilités, ou installation à Pierrefitte avec leurs attributions actuelles. Quel que soit leur choix et quel que soit leur âge, tous étaient confrontés à des changements de vie et de carrière considérables, des déménagements concernant des familles entières ou des aménagements de carrière qui pouvaient profondément affecter leurs missions. Pour Estelle, qui se sentit aussitôt accablée par ce dilemme, il était tout aussi clair que le choix serait en fait très limité. Peu de postes seraient disponibles à Paris, et si l'on ne souhaitait pas s'installer à Pierrefitte la seule réelle possibilité serait une mutation dans quelque Archives départementales en province. Cela allait nécessairement remettre aussi en cause les choix de sa vie privée. Elle voyait mal Mathieu accepter l'une ou l'autre des solutions les plus vraisemblables, qui l'éloigneraient de lui par la force de la géographie. Mais elle se dit aussi qu'il n'y avait pas urgence et qu'elle avait au moins quelques mois pour réfléchir à ce qui lui conviendrait le mieux, bien qu'un retour à Paris la tentât plus qu'une nouvelle installation dans une banlieue ou une province lointaine où elle ne connaissait vraiment personne et qui n'avait pas l'attraction historique de Fontainebleau. Elle se dit que cette fois elle n'irait pas même explorer les lieux. En revanche, en interrogeant Pierre elle pourrait probablement se faire une idée sur ce qui serait possible à Paris.

Lorsque Mathieu la questionna sur le séminaire, elle se fit évasive ; ce qui lui déplut et le laissa soupçonneux. Il lui demanda si elle avait revu Pierre. Comme elle n'avait aucune raison de s'en cacher, elle acquiesça. Il lui fit une scène qui, ajoutée au tumulte psychologique dû au séminaire la poussa à se fâcher. Elle crut un instant qu'il allait la battre, mais il sortit et disparut pendant des heures. Ébranlée par la tournure qu'avait prise leur relation, Estelle y réfléchit pendant des jours, des semaines. Les sautes d'humeur de Mathieu se faisaient de plus en plus fréquentes. Si elle devait opter pour le retour à l'hôtel de Rohan, il lui devint peu à peu clair qu'une séparation ferait partie de l'équation. Leur couple se détériorait à une telle vitesse qu'ils n'allaient pas pouvoir attendre pour rompre les un ou deux ans prévus par l'administration.

La vie dans la petite maison de village devenait difficile pour l'un comme pour l'autre. Estelle se confiait à Corinne qui réitéra ses remarques, mais Estelle ne s'en sentit pas mieux informée pour décider de son sort. Elle se résolut enfin à appeler Pierre du bureau pour lui demander une description sans fard de la situation à l'hôtel de Rohan. Il apparut qu'elle n'était pas défavorable pour Estelle. Au ton fébrile de sa voix, celui-ci avait compris qu'Estelle n'allait pas bien, et que l'inquiétude professionnelle n'était peut-être pas l'unique raison de son appel. Leur conversation prit un tour plus personnel. Ne parvenant qu'à grand-peine à retenir ses larmes, la jeune femme lui fit le récit de sa situation. D'une voix calme et néanmoins chaleureuse, Pierre, le compagnon de toujours, lui dit que l'appartement parisien était toujours le sien et que Poppy et lui-même seraient toujours heureux de l'y revoir. Très émue, Estelle raccrocha aussitôt qu'il fut décent, mais les paroles de Pierre résonnèrent longtemps en elle. Au fil des jours qui suivirent, une ligne d'action commença à prendre forme. Entre les incertitudes professionnelles et les tourments d'une vie privée qui devenait elle aussi de plus en plus incertaine et perturbée, Estelle vivait mal la quotidienneté de son existence. Elle se vit contrainte de s'avouer enfin que son union avec Mathieu était une erreur engendrée en grande partie par l'attrait de l'inconnu et le désir de changement dans une existence alors trop calme et prévisible. Mais était-ce cela l'amour, la passion, qui conduit à passer toute une vie ensemble envers et contre tout ? Si c'était cela, Estelle en vint à se dire que ce n'était pas, ce n'était plus en tout cas, ce qu'elle éprouvait pour Mathieu. La suffisance égoïste de celui-ci, sa jalousie morbide, sa possessivité étouffante avaient mis son amour à rude épreuve et il n'avait pas été assez profond pour résister à la réalité de la vie quotidienne. « La raison n'est pas ce qui règle l'amour », mais elle allait être raisonnable, et ne pas se laisser contraindre à une existence aussi limitée que celle qui lui était maintenant imposée. Il était temps de reprendre ses esprits et de retourner vers une vie correspondant mieux à sa nature profonde. De retourner vers Pierre, s'il était prêt, lui, à reprendre leur vie commune. Le ton de sa voix et ses propos au téléphone lui laissaient penser que oui, mais il fallait être sûre cette fois de ne pas se tromper. Face à face, elle pourrait mieux observer ses réactions et voir son intuition se confirmer. Ou non.

Ils prirent rendez-vous pour déjeuner un jour de semaine. Il fut facile pour Pierre de venir jusqu'à Fontainebleau en sorte que l'emploi du temps d'Estelle n'en fut pas affecté. Dans son for intérieur, Pierre n'avait pas cessé d'aimer Estelle et bien que n'en ayant rien dit ni n'attendant plus rien, il fut intérieurement bouleversé de la suggestion tout d'abord timide et penaude de celle-ci. Et ne se dédit pas : « Je t'ai déjà dit que Poppy et moi serions heureux de t'accueillir dans notre appartement quand tu le souhaiterais. » L'ambiguïté du « notre » n'échappa guère à Estelle, mais elle comprit assez vite qu'il s'agissait bien de leur couple et que le petit chien n'avait été introduit dans le discours que pour sauver éventuellement la face au locuteur. Sans hésitation, Estelle prit le chemin de Canossa, avouant franchement tout de sa vie actuelle. Pierre l'écoutait avec une empathie visible. Il lui prit la main et la serra très fort. « Quand veux-tu déménager ? Je viendrai te chercher… si c'est ce que tu souhaites. » Après un moment de réflexion, Estelle se prononça : « Il faut bien entendu que je parle à Mathieu. Mais une fois la chose dite, il faudra que ce soit le plus tôt possible, car je sais que la situation sera intenable. Tant pis, je ferai le trajet quotidien tant qu'il le faudra. Ce sera de toute façon moins pénible que la situation actuelle. Je t'appellerai dès que j'aurai parlé à Mathieu. » Ils se quittèrent, tous deux rassérénés d'avoir remis leur vie en ordre.

Elle attendit quelques jours pour cela, redoutant l'entretien. Corinne, avertie et connaissant le caractère de Mathieu, lui suggéra prudence et diplomatie. Lorsqu'elle se décida à prononcer les mots fatidiques, Estelle vit à l'instant les yeux de Mathieu virer au noir intense, et une colère haineuse, froide et profonde animer son regard. La nouvelle le frappa de plein fouet. Il était si sûr de lui qu'il n'avait pas voulu remarquer la distance qui s'était établie entre eux depuis quelque temps, pas remarqué qu'Estelle était en train de lui échapper, moins conciliante, moins attentive. Certes, il était blessé de sa décision, mais plus encore dépité, mortifié, humilié qu'elle ait pris la main et l'initiative de leur rupture. L'intensité de son regard meurtrier était telle qu'Estelle prit peur. Elle sentit une violence irrépressible prête à se déclencher. Pourtant, il n'en fut rien, ou presque. Mathieu donna un énorme coup de poing dans le mur, et sortit brutalement en claquant la porte. Il ne revint pas de la nuit et Estelle, inquiète et apeurée, ne parvint pas à trouver le sommeil. Lorsqu'il rentra au petit matin, la main enflée, défait et visiblement encore éméché, il voulut reprendre la discussion, plaidant pendant des heures maladroitement auprès d'Estelle ; puis, devant sa détermination, élevant la voix, la menaçant de représailles, pour qu'elle reste. Mais ses supplications comme ses menaces furent vaines. Estelle avait réfléchi et mesuré son erreur ; sa décision était prise. Ils étaient foncièrement trop différents pour vivre ensemble malgré l'attirance qui les avait rapprochés un temps. La séparation serait mieux pour eux deux puisqu'ils n'étaient pas parvenus à vivre ensemble en harmonie. À regret certes, mais devant ce constat d'échec, elle partirait au prochain week-end.

S'en suivirent, au cours des quelques jours, pesants, tendus et tumultueux, qui leur restaient ensemble dans la maison, d'innombrables discussions harcelantes et stériles. Autant que possible, Estelle, mal à l'aise, évitait Mathieu et lui ne la quittait pas du regard.

Vint enfin le vendredi soir. Valises et cartons étaient empilés dans le couloir. Pierre devait venir le lendemain matin. Estelle monta dans la chambre, admirant une dernière fois la forêt encadrée par la fenêtre, pour passer à la salle de bain. Mathieu l'avait suivie. Elle pressentit un moment difficile, pensant qu'il voulait lui parler, tenter de la convaincre une dernière fois de ne pas le quitter, que tout allait s'arranger entre eux, qu'il allait s'efforcer d'être différent. Elle savait que cela ne servirait à rien, que demain elle retrouverait Pierre et sa vie passée, une vie qui correspondait à ce qu'elle était vraiment. Il lui suffisait de tenir bon ce soir encore.

Il la poussa brutalement, la faisant basculer à plat ventre sur le lit. Méthodiquement, il entreprit de l'étrangler avec la ceinture de son peignoir de bain. Bien qu'elle se débattît vigoureusement il parvint assez rapidement à son but. Puis il téléphona à Pierre pour lui dire, non sans délectation, qu'il était inutile qu'il se déplace. Estelle ne reviendrait pas à Paris. Elle resterait à la maison, avec lui. Le silence incrédule et interrogateur de Pierre fut suivi de celui, pervers, de Mathieu, avant qu'il ne lâche, provocateur, « Je l'ai étranglée ». Il appela ensuite la gendarmerie et descendit au salon se servir un dernier whisky en attendant l'arrivée des gendarmes.

« Décaméron » 2020

Il était à nouveau là, en gros plan sur l'écran de télévision. Une espèce d'oursin d'un bleu délavé aux épines bourgeonnantes d'un rose criard. C'était l'ennemi public numéro un, représenté de cette façon grossière comme dans un mauvais dessin animé, un ennemi insaisissable dont on nous rebattait les oreilles plusieurs fois par jour depuis maintenant plusieurs semaines. Mais cette représentation vulgaire, puérile et infantilisante, peut-être en accord avec l'idée que se faisaient les autorités du niveau intellectuel général d'une population visiblement estimée se nourrir de jeux vidéo et s'abreuver de clips ne demandant pas plus d'attention soutenue que celle d'un poisson rouge, était en décalage certain avec la gravité de la situation.

Il était vrai que, venu de Chine, le *mal qui répand la terreur/Mal que le ciel en sa fureur/Inventa pour punir les crimes de la terre,* nous faisait déjà la guerre depuis plusieurs semaines. La pandémie semblait se répandre à travers le monde à une vitesse galopante ; les nouvelles, répétées plusieurs fois par jour par tous les médias étaient destinées à être effrayantes *Ils ne mouraient pas tous, mais tous étaient frappés…* ou presque. Aucun médicament connu ne permettait d'endiguer le mal, ni même pratiquement les souffrances de ceux qui étaient atteints. C'était un mal invisible, inconnu et redoutable qui laissait la médecine impuissante et le pouvoir désemparé. Relayées par des journalistes logorrhéiques, des consignes parfois contradictoires venues de ces deux sources de savoir se répandaient autour de nous sans que personne ne parût vraiment savoir que faire. La situation qui se détériorait de jour en jour était à l'origine de nombreuses conversations et d'appels téléphoniques entre amis et connaissances. On ne parlait plus que de ce virus nouveau, pire que la peste et moins identifiable qu'elle. Dans nos sociétés où le culte de la science avait remplacé celui des religions antérieures, où l'argent semblait pouvoir tout acheter, y compris les techniques médicales les plus sophistiquées, la situation actuelle dépassait l'entendement. Une perplexité inquiète se diffusait dans l'air respiré par tous comme le virus lui-même.

Enfin, après des jours d'atermoiement plus ou moins bien dissimulé, l'inaction du pouvoir politique taraudé par les savants du pays, dont la science était ainsi mise à mal, se brisait aujourd'hui sur une mesure draconienne. Ce soir, pour une fois, sur l'écran de la télévision l'image ridicule, fantasmée, infantile du virus faisait place au visage lisse et immature du président lui-même annonçant le sacrifice collectif décidé par lui pour empêcher une contamination vraiment générale et sauver les hôpitaux qui n'en pouvaient plus de la honte nationale de voir, dans la sixième puissance mondiale, leurs patients mourir sans soin jusque dans les rues, faute de lits suffisants. Le sacrifice demandé était immense puisqu'il s'agissait de figer le pays dans la claustration et l'immobilité. Et cela à partir du lendemain midi. En moins de vingt-quatre heures, chacun devrait, toute affaire cessante, rester enfermé chez soi ou dans un lieu qu'il aurait choisi une fois pour toutes, et respecter absolument ces consignes. Le virus s'attaquait à nos poumons, maintenant c'était le poumon économique du pays qui devait s'arrêter. La Loi veillerait au respect de ces mesures. Et en bon donneur de leçons, de sa voix suave, « le gendre idéal » exhortait les gens à être bien sages et à obéir « quoi qu'il en coûte » aux mesures qu'il avait enfin décidées. La brutalité de la décision, tant par le délai fixé pour la mettre en œuvre que par sa nature drastique, choquait malgré la suavité de la voix. Elle ne pouvait que mettre en évidence le sens du danger foudroyant qui nous menaçait tous. Mais était-ce là précisément l'effet recherché pour s'assurer de l'accomplissement du projet ?

Les téléphones s'agitaient beaucoup ce soir partout en France, car l'idée d'être ainsi assigné à résidence sans préparation, ainsi cloîtré et complètement isolé pour une durée qui officiellement avait été fixée à quatre semaines, mais dont il ne fallait pas être grand clerc pour savoir qu'elle serait en fait indéterminée et probablement bien plus longue, ne réjouissait pas grand monde. Et si nous avions su !

Encore sous le choc de cette annonce qui bouleversait si violemment la vie quotidienne, une idée percutante, une étincelle d'espoir et d'optimisme éclaire cette nuit. Pourquoi ne pas alors vivre une certaine forme de *claustration amicale* ? La maison et le jardin sont suffisamment grands pour pouvoir envisager une vie en petite communauté. La forêt, à proximité, procurerait à la fois l'isolement et la distraction nécessaires.

***

Me voilà dans cette chambre, seul avec mon ordinateur, essayant de finir ce projet que je dois envoyer demain aux aurores. Par la fenêtre ouverte, j'entends les voix des autres sans comprendre ni chercher à le faire d'ailleurs, dans le jardin, malgré la fraîcheur qui s'installe. Ils ont l'air animé et gai pour le moment, mais le son se transforme tantôt en murmure tantôt en éclat. Étrangement peut-être, c'est ce murmure qui attire mon attention. Ont-ils entamé une discussion sérieuse qui pourrait m'intéresser aussi ou bien sont-ils en train de parler de moi ? Je suis le seul hors du groupe à ce moment. Suis-je (mis) à l'écart, exposé par ma solitude forcée ? Un fugace sentiment d'inquiétude me saisit alors. Mais non, mes amis ne feraient pas cela. Ils sont simplement pris dans leurs propres considérations et heureux d'être ensemble. Ils ne pensent pas à moi qui travaille encore en cette fin d'après-midi. Je descendrai plus tard, quand je me serai libéré de cette tâche nécessaire, et le « cercle de famille », sans applaudir à grands cris, m'accueillera comme toujours et nous boirons ensemble avant le dîner. Cela fait maintenant plusieurs jours que ma vie, nos vies obéissent à ce rythme, et cela me convient bien, toute chose étant égale, dans ces circonstances étranges. Jacques et Sophie ont ouvert leur maison des bois, comme ils aiment à l'appeler, et plus que des copains, ces vieux amis que nous sommes ont trouvé, apparemment sans difficulté, un mode de vie collective, que nous avions perdu depuis nos années au Quartier latin. C'est peut-être cela qui nous donne une sensation de bien-être malgré l'enfermement forcé et la crainte de la maladie étouffante autour de nous. Même les filles ou les garçons, pardon, les femmes et les hommes, que les années ont ajoutés à notre bande semblent s'être bien intégrés à notre petite communauté initiale, pour créer celle-ci qui, imposée par les circonstances, n'en est pas moins agréable. L'air frais, parfum herbeux d'une pelouse tondue il y a quelques heures, monte jusqu'à moi et me rend encore plus impatient de descendre. Je redouble d'efforts pour terminer ce qui habituellement me plaît mais qui aujourd'hui prend des allures de pensum. Pourquoi suis-je encore le seul astreint au télétravail ? Pourquoi cela avance-t-il si lentement ? Pourquoi François a-t-il pu finir et s'installer sans remords avec les autres ? Est-il plus efficace que moi, ou suis-je plus consciencieux ? Cette dernière pensée me redonne un peu d'entrain. J'ai l'impression que je vais avancer avec plus d'énergie. Oui, je fais bien mon travail, et le sentiment de la tâche accomplie rendra d'ici peu mon entrée dans le cercle amical d'autant plus agréable. Allons-y !

***

Ils sont là, réunis dans mon jardin. Quel plaisir d'avoir pu les convaincre et de rendre ainsi pour nous tous ces circonstances étranges et difficiles moins lourdes à supporter ! Joël travaille encore mais il devrait bientôt descendre. Lui, l'inquiet, le besogneux, le discret, le scrupuleux, mais le sensible et l'attentionné, le délicat. Je suis contente qu'il ait accepté de venir. Il a fallu toute la persuasion de Jacques pour le convaincre que non, il ne nous gênerait pas ; que oui, les autres seraient aussi heureux de le revoir, qu'il pourrait travailler en toute liberté chez nous, et mieux que dans son petit appartement de célibataire parisien, puisque nous avons suffisamment d'espace pour que chacun puisse s'isoler s'il le souhaitait. Nous prendrions soin de lui sans contraintes autres que celles du confinement.

***

Lorsque Joël accepta, Jacques qui connaît peu le doute était néanmoins fier de lui : une pointe d'autosatisfaction non dénuée d'un sentiment de victoire. Moi, j'étais simplement heureuse qu'il ait accepté, heureuse de pouvoir ainsi passer quelque temps à parler avec lui de ce que, je le savais, nous intéressait ou nous préoccupait tous deux. J'avais toujours espéré me rapprocher de lui, au-delà des dîners ou des réunions de notre petite bande, événements qui duraient trop peu pour permettre autre chose que des échanges de souvenirs, des conversations superficielles interrompues par les exigences horaires. Il est des gens que l'on rencontre et dont on se dit presque immédiatement qu'on aimerait bien les connaître vraiment, se rapprocher d'eux, entrer dans la profondeur de leur être, mais que les circonstances rendent sinon inaccessibles du moins impossibles à atteindre au-delà de ce que je considère comme des « mondanités » plus ou moins élaborées, aussi agréables qu'elles puissent être. Pour moi, Joël avait été de ceux-là très tôt dans notre rencontre, et je me réjouissais donc de la naissance possible d'une certaine réelle proximité. Corinne était venue elle aussi. Mais elle était arrivée seule, sans Claude, et son air faussement naturel m'avait immédiatement alertée. Avec un pincement au cœur, je sus tout de suite que cela n'allait pas. Quelque chose de grave s'était passé ; elle était malheureuse. Si elle était venue seule, ce n'était sûrement pas parce que Claude ne pouvait pas venir. Quelles raisons professionnelles l'en auraient-elles empêchée d'ailleurs dans la situation présente ? Claude aurait été la bienvenue, comme d'habitude. Mais Corinne, mon amie de toujours, avait gardé le silence, et je savais qu'il valait mieux ne pas l'interroger, même du regard, qu'elle parlerait le moment venu pour elle... ou pas. Depuis ces quelques jours j'observais son regard souvent éteint, ses tentatives, certes bien menées, de rester naturelle en participant à nos échanges ludiques ou sérieux. Les autres ne semblaient pas avoir remarqué ni l'absence de Claude ni le comportement de Corinne. J'attendais qu'elle se décide, mais la présence rapprochée de la petite bande ne permettait guère les moments de confidences. Mon impatience inquiète devait se maîtriser. Le moment favorable finirait bien par arriver. Mais visiblement, pas ce soir encore.

***

Ils étaient là, les amis de Jacques, mes amis. Je me sentais un peu responsable d'eux et j'observais, avec une certaine surprise, se développer en moi ce sentiment quasi maternel. Je devais veiller à leur bien-être, à leur possibilité de travail dans ce nouvel environnement dont seuls Jacques et moi avions les clefs, veiller aussi à l'harmonie du groupe, car il ne fallait pas que la contrainte ou l'inquiétude imposées par les difficultés ambiantes ne pénètrent par trop notre bulle pour détériorer notre expérience de vie commune, si nouvelle à nos âges. Il ne fallait pas que rejaillissent les tensions ou éclats passés de notre jeunesse. C'était la responsabilité que je m'étais donnée, mais j'en étais heureuse après tout. Je les observais ce soir, tout en pensant à la préparation du dîner à venir, et leur conversation badine me faisait sourire sans m'empêcher de penser à mes devoirs d'intendance. Il y en aurait pour quatre semaines « au moins », avait décrété l'oracle gouvernemental. L'écoute attentive des propos jupitériens m'avait appris que pour être sibyllins ils n'en étaient pas moins significatifs. Je savais que tout ne serait pas simple dans cette retraite communautaire, mais j'étais heureuse de la chaleur que je sentais entre nous. Non, cela n'avait pas été une erreur de les inviter, et pour le moment chacun trouvait ses marques et tout se passait bien. Je voyais Jacques heureux lui aussi, en maître des lieux, dispensant une jovialité peut-être un peu surjouée mais néanmoins sincère. Il était heureux de les avoir autour de lui et fier d'être celui qui les avait rassemblés. Meneur d'hommes en toute circonstance, c'était bien Jacques ! Si cela me faisait sourire, j'étais moi aussi, intérieurement, plutôt fière de lui.

***

Ils sont là, réunis dans mon jardin, chez moi. Mes amis de toujours avec leur compagne ou leur compagnon. Cette maison que j'ai dessinée et construite est maintenant notre demeure à tous. J'ai pu les réunir à nouveau « comme au bon vieux temps » où nous nous retrouvions à tour de rôle dans les chambres ou les studios parisiens, étudiants plus ou moins fauchés, rêvant à notre fortune, ou du moins à notre aisance, future. Car, nous le savions, nos carrières à venir seraient belles et généreuses. Nous ferions tout pour cela. Aujourd'hui, cette maison que j'aime, que j'ai conçue dans les moindres détails, leur est ouverte. Havre protecteur pour nous tous dans cette tempête sanitaire, qui a soudainement bouleversé nos vies. Cela nous est tombé dessus sans qu'on ait pu l'imaginer. C'était tout à fait inconcevable et, même aujourd'hui, je n'arrive pas vraiment à y croire, à mesurer les implications présentes et futures de cet épisode cataclysmique. Car, après tout, ce n'est qu'un épisode ; cela aura une fin. Nous ne sommes plus au Moyen Âge, que diable ! Comment aucun gouvernement de notre planète n'a-t-il pu se préparer, s'organiser assez rapidement pour endiguer cette vague mortelle ? On nous a laissé moins de quarante-huit heures pour nous organiser, en coupant à peu près tout ce qui fait fonctionner notre société. Heureusement que je ne manque pas de sang-froid, et l'idée d'héberger les autres, de transformer cette mise sous clef de toutes nos activités et de faire de cette claustration forcée une réunion d'amis m'est venue tout de suite. Quand j'en ai parlé à Sophie, je savais qu'elle serait d'accord. Elle a souri, cette femme merveilleuse qui est la mienne, en répondant simplement « Alors, tu veux rejouer le *Décaméron* ? Je suis partante, mais tâche de ne pas faire déborder la maison, quand même ». Surpris, les amis ont cependant accepté immédiatement ma proposition. De toute façon, il n'y avait guère le temps de tergiverser. C'était gratifiant d'entendre leur réponse. Et nous voici, ce soir, en train de siroter un petit apéritif, tandis que le monde s'est figé autour de nous. Tous ensemble, ou presque. Joël n'est pas encore descendu. Corinne est venue seule. Mystère. Enfin, Sophie saura bien gérer tout cela. C'est son rôle et elle y excelle. Je peux compter sur elle. J'espère que le dîner sera bientôt prêt. J'ai une faim de loup après avoir jardiné tout l'après-midi…

***

Claude m'a quittée. Ces mots résonnent dans ma tête en échos infinis, avec plus ou moins d'intensité selon que je suis seule ou en compagnie. Ils battent dans mes tempes depuis une semaine. C'est dans le vain espoir d'échapper à cette musique lancinante, drainant mes énergies, que j'ai accepté l'invitation de Sophie et de Jacques. Le vide nouveau, silencieux, lugubre de l'appartement où nous avions passé sept ans de vie commune et où, je le croyais du moins, nous avions connu un bonheur paisible était insupportable. La perspective d'être confinée dans ce lieu qui respirait encore sa présence venait de tomber sur moi comme une bombe. Elle avait achevé de m'anéantir. Privée du divertissement pascalien qu'était devenu le travail à la librairie, je n'étais pas sûre de pouvoir survivre. Retrouver Sophie et Jacques était vraiment ma planche de salut, et j'étais encore assez lucide pour la saisir. Mais Claude m'a quittée, et je n'ai plus de refuge, plus de certitude, plus de paix. J'ai beau tenter de jouer le jeu en compagnie de mes vieux amis, le vide douloureux qui s'est creusé dans mon être ne s'atténue pas. Personne n'a posé de questions, personne ne s'est étonné de l'absence de Claude, du moins devant moi. Mais j'ai la sourde impression que cette interrogation est en eux et que leur entrain, leur gentillesse joviale envers moi n'est qu'un jeu de représentation. Que pensent-ils vraiment de ma présence solitaire ? Même Sophie n'a rien dit. Je sais qu'elle, l'observatrice vigilante, s'interroge et s'inquiète, mais je n'ai encore trouvé ni la force ni l'occasion de lui dire ce qui m'étouffe et me ronge. Claude m'a quittée. Claude a manqué de loyauté. Certes, elle ne m'a pas trahie au sens banal du terme ; mais elle a trahi ma confiance, et je n'ai rien vu venir, et pour moi c'est pire qu'une trahison physique. Qu'elle pût un jour m'être déloyale était absolument inconcevable… et l'est encore.

**

Bon, ils sont encore à bavarder. Leur bavardage mêlé des souvenirs « du bon vieux temps », de leurs théories sur l'épidémie qui nous frappe, sans aucun fondement, commence à m'impatienter. Je retourne au salon et allume la télé. Au moins, il y aura cette émission avec des médecins et des chercheurs qui pratiquement tous les soirs nous donnent des infos sur la Covid, puisque finalement ce serait un mot féminin. Ce n'est vraiment pas rassurant. Mais au moins, eux savent quand même un peu de quoi ils parlent. Tout ce qu'ils disent me fait peur. J'ai vraiment peur. Peur de cet ennemi invisible, inodore et sans saveur, qui se jette sur les gens et les étouffe. Les hôpitaux qui n'arrivent déjà plus à endiguer le flot des malades, des mourants qui arrivent aux urgences. Mais qu'est-ce qu'ils ont fichu pour qu'on se trouve ainsi submergés, impuissants ? Ce pays riche, incapable de faire quoi que ce soit d'efficace pour nous protéger. Et tous ces discours où l'on nous prend pour des imbéciles en racontant n'importe quoi ! J'ai peur, tellement peur. Je me sens tellement vulnérable. Et ces gens autour de moi qui continuent à faire semblant que rien n'est vraiment grave puisqu'ils sont dans cette maison, ensemble, en bonne santé. Comme si l'amitié allait les protéger du virus. J'en ai assez d'être enfermée avec eux. François, comme les autres. Il m'agace d'autant plus qu'il me traite mal, se moque de mes angoisses, même devant les autres qui prennent cela à la légère, ou font comme si, sans chercher à comprendre ce que je ressens. C'est humiliant à la fin ce manque de solidarité. Pourquoi me faire passer pour une femme faible, une idiote qui s'affole pour rien ? Ce n'est pas « rien ». C'est moche ; surtout de la part de François. Je suis sa femme après tout. Où est sa loyauté ? Le danger est bien réel, et ce n'est pas le mur du jardin qui empêchera le virus de passer. Même si je fais bien attention, si je porte un masque, car Dieu merci, Jacques en a trouvé pour nous tous, si je me lave les mains le plus souvent possible, si j'évite de m'approcher des autres. Il vient des gens ici : le facteur, les livreurs, et ils peuvent bien, eux, nous apporter cette infection sournoise. J'ai peur et je ne peux pas faire grand-chose. Je suis prisonnière ici et c'est la faute de François. Je serais mieux vraiment toute seule dans notre appartement, mais je ne peux plus partir. Je n'aurais pas dû accepter de venir, chez ses amis. Je me suis toujours sentie plus ou moins de trop avec eux. Mais il a tellement insisté. Encore combien de jours cela va-t-il durer ?

***

Cela fait maintenant près de trois semaines qu'on est ici. Tout se passe plutôt bien. Enfin, sauf avec Astrid. Elle est vraiment insupportable. Elle ne fait aucun effort pour s'adapter. Les autres sont patients, mais moi, j'en ai vraiment assez. Je dois continuellement servir de tampon entre elle et eux. Notre couple n'était déjà pas des plus harmonieux, mais cette expérience inattendue est révélatrice. On ne peut vraiment plus se supporter. Enfin, en tout cas moi je n'en peux plus. Lorsque cette situation exceptionnelle sera finie, on se séparera, probablement, certainement... si je n'explose pas avant. Elle n'est vraiment pas faite pour la vie en communauté et ne semble pas comprendre la situation.

Pourtant, elle n'est pas stupide, mais elle joue les enfants gâtées. Elle se croit le centre du monde et demande une attention constante. Comme elle peut difficilement l'obtenir en permanence des autres, c'est moi qui prends. Nous faisons tous des efforts pour que cela reste sinon agréable du moins vivable et sans éclats. Elle seule croit que tout lui est dû. Jacques et Sophie doivent aussi commencer à trouver le temps long. Depuis le début, ils font vraiment le mieux possible dans ces circonstances pour que chacun puisse vivre confortablement et que tous aient plaisir à être ensemble. Sauf Astrid, qui montre son inconfort avec une irritation qui frise parfois la grossièreté. Encore hier, et ce matin, j'ai dû m'excuser pour elle et cela me devient de plus en plus difficile. La tension monte. Le seul moment de paix : je m'enferme dans la chambre avec mon ordinateur pour travailler un peu. Mais comme pratiquement tout est arrêté, ça n'avance guère. Pas de tribunaux, pas de plaidoiries à préparer avant au moins un autre mois, peu d'appels téléphoniques. C'est trop frustrant. Je ronge mon frein. Comment tout cela va-t-il se récupérer quand nous sortirons de ce confinement ? Joël a de la chance. Je le vois se concentrer sur ses calculs. Il y pense encore quand il est avec nous. Je vois son regard s'abstraire et son esprit partir à des distances astronomiques. Il n'y a que la voix de Sophie ou le rire de Jacques qui le ramènent parmi nous. Il a de la chance, il peut travailler presque normalement grâce à Zoom, échanger avec ses collègues à l'autre bout du monde. Mais ni Jacques ni moi n'avons cette chance. Le monde s'est rétréci, le rideau est tombé. Et même quand on travaille, cela n'avance guère. Heureusement, il y a aussi ; quand même, le jogging du matin, avec Jacques, chacun muni de son attestation dûment cochée, et nos conversations durant les pauses, mais depuis que la forêt nous a été interdite « par arrêté préfectoral » cela est devenu plus hygiénique et moins agréable. C'est moi, le juriste, qui rechigne le plus à ces contraintes liberticides et d'une efficacité douteuse. Jacques en plaisante, mais je ne sais pas ce qu'il en pense vraiment.

Heureusement, même sans la forêt, il y a Pickwick à promener, attestation ridicule à remplir encore à chaque sortie, mais après tout, si l'on en remplit une à chaque occasion on peut sortir plusieurs fois par jour en toute légalité. C'est vraiment absurde. C'est ce que je fais pour échapper aux criailleries d'Astrid quand je sens que je vais exploser. Ce chien ne se sera jamais autant promené de sa vie ! D'autant plus que je ne suis pas le seul. Sophie sort avec lui tous les jours, comme à son habitude, j'imagine. Mais j'imagine aussi qu'elle a besoin de respirer seule pour échapper tant à l'enfermement qu'à la promiscuité de notre vie commune. « L'oracle » gouvernemental doit parler la semaine prochaine. Va-t-il prononcer les mots qui nous libéreront et nous renverront chez nous ? J'en doute. Car la situation ne s'améliore pas. Les hôpitaux débordent, des patients quasiment à l'agonie sont évacués vers l'étranger, les hôpitaux militaires ont planté leurs tentes ici ou là. Je crois, je crains, que « l'oracle » ne nous soit pas favorable. Et si tel est bien le cas, il va me falloir trouver des mots, des arguments imparables pour contenir les colères impuissantes et les angoisses d'Astrid...

***

Quel plaisir de courir un peu seul si tôt dans le matin frais et silencieux ! J'échappe ainsi à l'invitation de Jacques et de François qui courent ensemble mais en bavardant, et cela me gêne. Il est bien tôt pour les contrôles, alors tant pis, je franchis l'orée de la forêt, et seul, délicieusement seul, je cours, pas très vite mais régulièrement tout au long de la grande allée jusqu'à plus soif. Soif, mais si. Il doit être temps que je rentre pour le petit déjeuner. Je vais les retrouver tous pour encore une longue journée. Mais je pourrais éviter les banalités et vite monter dans ma chambre pour reprendre mes calculs. Heureusement, ils respectent mon travail et cela marche mieux après ma visio avec Jean et Peter. Cela m'a tiré d'affaire et l'article avance bien maintenant. Il sera bientôt prêt à envoyer au labo. Mais qui sera là-bas pour le prendre en charge si « Jupiter » décrète que notre enfermement doit continuer ? Je crains bien que tout ça ne dure bien plus qu'une autre semaine. C'est pesant, mais je peux travailler tranquille, c'est l'essentiel. Et puis, il y a Sophie. J'ai vraiment plaisir à être avec elle. Elle sait quand elle peut me parler et ne m'empêche pas de penser. Quand nous sommes tous les deux, sa conversation se dirige toujours vers ce qui m'intéresse au-delà de la physique et qui, je crois, l'intéresse vraiment aussi : la musique baroque, la littérature américaine, la photographie. Quand tout sera terminé, je l'inviterai à des expositions. Enfin, j'espère qu'elle acceptera et que Jacques sera d'accord. Quelle belle lumière aujourd'hui ! Bon, un petit sprint final jusqu'au châtaignier, avant de s'enfermer pour la journée. Combien de temps cela va-t-il encore durer ?

***

En tirant les rideaux, j'ai vu Joël partir discrètement au petit trot. Je sais qu'il ne reparaîtra qu'après le petit déjeuner des autres, comme tous les matins. Il s'éclipse pour cette heure de solitude que je lui envie. C'est beaucoup plus difficile pour moi, et pourtant, plus le temps passe plus j'ai besoin d'un moment véritablement à moi. Bien sûr, je sors Pickwick – ce chien est une bénédiction – mais souvent l'un d'entre eux se propose de m'accompagner et je ne peux pas toujours dire non. Il est clair que la responsabilité du groupe repose sur Jacques et moi, et qu'ayant proposé l'hospitalité je ne peux pas m'y soustraire ; mais je commence à fatiguer d'être toujours l'hôtesse, et cette proximité permanente qui laisse maintenant percevoir des tensions devient pesante. Astrid et François y sont pour beaucoup. Je pense que leur couple ne survivra pas à cet enfermement et je crains même une explosion dans les jours qui viennent. Comment allons-nous pouvoir gérer cela dans cette promiscuité ? Il faudra que j'en parle à Jacques. Mais même lui qui joue la jovialité a bien dû remarquer la situation. Il faut dire qu'Astrid ne paraît faire aucun effort pour cacher sa mauvaise humeur et que François semble absolument excédé ; cela se voit dans ses mimiques et ses regards. Les autres – gens bien élevés – font semblant de rien, mais jusqu'à quand ? Enfin, on arrive au bout des quatre semaines et le « Marcheur » va bientôt parler et nous libérer. Je pense à la forêt interdite. Son appel est de jour en jour de plus en plus pressant. J'en ai assez de ne longer que sa lisière alors que la grande allée de sable clair est maintenant bordée d'un vert tendre qui monte jusqu'au ciel. C'est jeudi qu'il va nous annoncer la bonne nouvelle. Espérons…

***

Sophie est formidable. Elle sait vraiment prendre la situation en main. Pour cette soirée particulière, elle avait prévu de nous remonter le moral. La paella était plutôt bien réussie et le petit rosé corse a bien joué son rôle. Mais ce soir, le dîner n'était pas la pièce de résistance et tous, nous étions impatients de passer au salon devant la télévision pour entendre les mots qui allaient nous libérer. Enfin, nous l'espérions, mais la lucidité nous empêchait d'y croire vraiment. Tout le monde croisait les doigts, au moins au figuré, et les voix qui se voulaient légères cachaient plutôt mal notre appréhension impatiente.

***

Bien calés dans les fauteuils et les canapés, nous attendons la prise de parole officielle. Évidemment, notre optimisme affiché en prend vite un coup. Non, la libération n'est pas pour demain. Il va falloir rester confiné pendant encore au moins deux semaines. C'est la douche froide pour nous tous. Astrid pâlit et semble au bord de larmes hystériques. Le visage de François se décompose et devient subitement gris. Les lèvres de Corinne frémissent et tombent, son regard d'ordinaire si clair s'assombrit. Joël est furieux. Il commence à s'agiter et proteste. Il devait partir pour quelque temps travailler à Princeton et devra peut-être y renoncer. C'est curieux que ce soit lui, le discret, le silencieux, qui verbalise immédiatement sa déception. Elle doit être particulièrement vive. J'observe ma femme qui contient la sienne. Sa lassitude est claire. Je la comprends et je la partage. Il va falloir tenir cette maisonnée pendant encore une bonne quinzaine, peut-être plus, alors que nous en avons tous assez. Assez de ces contraintes perpétuelles, de cette proximité permanente, de ces apparences qu'il nous faut maintenir envers tous pour que l'air reste à peu près respirable pour chacun, malgré nos différences, et préserver notre amitié. Je croise le regard de Sophie et j'y vois une sorte de résignation presque désespérée. Je lui souris et j'espère que mon sourire lui dit ma tendresse et mon soutien. Je ne suis pas sûr que les autres mesurent à quel point elle a donné d'elle-même pendant ces quatre dernières semaines, combien elle leur a donné et combien par ce geste elle m'a aussi donné. À cet instant, je me sens si proche d'elle. J'aurais voulu la prendre dans mes bras, mais c'est impossible car ce serait par trop inélégant pour nos amis. Il ne faut pas que leur présence ainsi prolongée apparaisse comme un poids difficile à supporter.

Ce premier moment de déception passé, je sens une colère sourde monter en moi. Le discours qui nous enferme encore était vraiment trop mauvais. S'il est réellement nécessaire et raisonnable, comme il dit, de nous maintenir ainsi enfermés et pratiquement inactifs, notre prétendu « premier de cordée » est vraiment trop décevant. Il ne sait pas l'entraîner, sa cordée de millions d'hommes. De sa voix qui se veut suave et persuasive, ce quadragénaire imberbe nous parle comme à des enfants ou des simples d'esprit. Il a, paraît-il, fait du théâtre amateur par le passé, mais il n'en demeure pas moins mauvais comédien. Et il faudrait être bien naïfs pour croire à la sincérité de ses mots compatissants.

***

Je pense à demain, et aux jours qui viennent. J'avais tellement hâte de retourner au cabinet, de retrouver mon équipe, de discuter avec elle les plans de cette résidence à l'île de Ré. Cela va encore être reporté... aux calendes grecques ? J'avais tellement hâte de reprendre une vie « normale ». Devant la morosité générale, je sens que cette fois nous sommes bien tous à l'unisson. Pour détendre l'atmosphère, je propose une coupe de champagne, mais le cœur n'y est pour personne. J'ai hâte aussi de me retrouver seul avec Sophie et de faire le point sur notre situation. Je crois que nous allons nous coucher de bonne heure ce soir. Ce qui ne veut pas dire que nous dormirons bientôt.

***

Ce n'est pas possible ! Il va falloir encore tenir quinze jours « au moins », a-t-il dit. Jouer les maîtresses de maison, sereines et heureuses, veiller à l'intendance pour nous tous, trouver tout cela non seulement normal mais agréable. Enfin, je pense que les autres sont eux-mêmes conscients de ce que représente notre cohabitation, mais, n'empêche, c'est sur Jacques et moi que pèse toute la responsabilité de l'entreprise. Après tout, c'est nous qui l'avons choisi, mais il n'était pas prévu que cela s'éternise autant, ni surtout que les rapports entre Astrid et François empireraient à ce point et grèveraient l'ambiance générale, ni que la douleur de Corinne serait aussi perceptible. Je ne suis pas vraiment surprise que sa rupture avec Claude l'affecte autant d'ailleurs. J'ai souvent eu l'impression que Corinne était, disons, platonicienne, plus amoureuse de l'idée de Claude que de la personne réelle, et que la confrontation brutale, accidentelle, à cette réalité a détruit en elle plus que leur relation, une idéalisation profonde, inconsciente peut-être, de ce que devait

184

être une relation amoureuse. Elle souffre profondément de ce qu'elle croyait possible. Elle recherchait la moitié de l'orange. S'apercevoir qu'il n'y en avait qu'un quartier la brise. Son silence et la morne tristesse de son regard habituellement si lumineux, me le disent chaque jour, et je n'y peux rien. Il faut lui laisser le temps de prendre conscience des limites de la réalité et surtout de celles des relations humaines. Si on le peut un jour. À moins, bien sûr, qu'elles ne se retrouvent après cette période chaotique et angoissante, ce confinement qui a, certainement, contribué à ancrer leur séparation.

J'espérais tellement, moi aussi retrouver le cours de ma vie tranquille. Quand pourrais-je à nouveau prendre mon petit déjeuner seule, plongée, sans être interrompue, dans mes propres pensées en écoutant Bach ou Mozart, avec Pickwick à mes pieds qui attend patiemment sa promenade matinale en jouant avec sa balle hérissée si semblable à l'affreuse image du virus qu'on impose pratiquement tous les soirs en fond d'écran ? Quand, enfin, Jacques et moi pourrons-nous être à nouveau vraiment ensemble et non plus constamment sous le regard d'autrui, aussi amical soit-il ?

***

Ça y est, c'est fait ! J'ai franchi le pas. Il était temps. La situation ne pouvait plus durer. Elle s'est vraiment surpassée hier soir. Encore plus désagréable que d'habitude envers nous tous. Comme si j'étais responsable de l'épidémie ! La scène qu'elle m'a faite une fois dans notre chambre a été tellement odieuse que lorsqu'elle a exigé de rentrer à Paris, malgré les règles et les interdictions, je n'ai pas hésité. Je lui ai dit de faire sa valise. Elle a cru que j'allais céder et rentrer avec elle. Mais pas cette fois. C'en était trop. Je lui ai dit que c'était fini. Elle pouvait rentrer à l'appartement si elle le voulait, mais seule. J'y repasserai à la fin du confinement, ou dans un mois, dans un an. Mais je n'avais pas l'intention de reprendre la vie commune. Dans son état, cela n'a pas eu l'air de l'affecter outre mesure. Elle ne me croyait pas. Ce matin, avant que les autres ne se lèvent je l'ai accompagnée à la gare. On verra bien ce qu'il se passera. En tout cas, dans l'immédiat je vais enfin pouvoir respirer. J'expliquerai son départ aux autres et demanderai à Jacques et Sophie de nous excuser. Mais je ne pense pas qu'ils seront très surpris. Ils ont dû entendre hier soir les cris, les pleurs et les grincements de dents qui venaient de notre chambre. Est-ce vraiment la rupture définitive ? Nous verrons bien, quand la vie sera redevenue plus normale. En tout cas, je ne suis pas près de reprendre la vie commune avec Astrid. Cette femme que j'ai tant aimée ! Comment avons-nous pu en arriver là ! Elle m'insupporte vraiment, et je viens seulement d'en prendre conscience ces derniers jours. Cette pandémie, avec son confinement claustral, a mis le doigt sur des vérités profondes, cachées ou volontairement ignorées jusqu'ici. Et nous a – moi en tout cas – obligés à voir ce que nous ne voulions peut-être pas voir. Cette lucidité plutonienne a quelque chose de terrible, de bouleversant.

***

Les jours passent. Ils passent sans Claude, et sans nouvelles. Je suis trop meurtrie pour tenter de lui parler. Et elle ? Elle n'a pas même essayé d'appeler. Chaque fois que mon portable sonne mon cœur se bloque ; je crois, je crains que ce ne soit elle. Mais non, rien ; et cela depuis plus d'un mois maintenant. Visiblement, je ne lui manque pas. Elle ne m'a peut-être jamais vraiment aimée. Me suis-je si profondément trompée pendant toutes ces années ? Comme l'a dit Sophie, aurais-je simplement

186

pensé avoir trouvé la moitié de l'orange idéale alors que je ne pouvais avoir en réalité qu'un quartier dont je devrais me contenter, et avec reconnaissance ? Mais non, mon idée d'une relation parfaite, complète ne serait alors qu'une naïve illusion dans le monde réel des adultes. Un monde pour lequel finalement, je ne suis peut-être pas faite ? Quel vide et quel sombre vertige ! Allons, j'exagère certainement et je devrais probablement arrêter de pleurer sur mon sort. Je devrais pouvoir regarder ma situation avec lucidité, affronter la réalité des choses. Cet isolement particulièrement oisif m'oblige à regarder ma vie avec plus d'objectivité. J'ai de bons amis et ils sont autour de moi, Sophie et Jacques bien sûr, si solides et si fidèles, mais aussi Joël que je découvre plus profondément. L'autre soir, il m'a dit seulement « Je sais… » et cela m'a émue. Il y avait dans le ton de sa voix et son regard plus qu'une attention amicale, une compassion discrète. Celle de quelqu'un qui a vécu la même épreuve et qui est parvenu à en sortir sans mélodrame. Mon état d'âme doit transparaître facilement si même Joël qui semble toujours plongé dans ses pensées et qui passe le plus clair de son temps à travailler a pu percevoir ma souffrance. Joël que je connais depuis tant d'années. Ces deux mots ont suffi. Ils étaient prégnants de sens. Ils ont résonné pour moi comme une profonde déclaration d'amitié. D'une profondeur que je n'attendais pas de Joël à mon égard. Joël, c'est pour moi « la timidité des pins ». Il est là, droit, solide, proche, mais il fuit le contact et se protège ainsi. Il me touche et m'attendrit.

À présent, je ne suis pas seule à souffrir dans notre petit groupe. Astrid et François font peine à voir. S'il est clair qu'Astrid est rendue positivement hystérique d'angoisse par la menace du virus et que la malheureuse pourrit la vie de son entourage par son incapacité à se contrôler, c'est surtout

François que je plains. Ils étaient encore si amoureux il n'y a pas si longtemps. Je les voyais comme un couple heureux, éternellement jeune sans que la quotidienneté de la vie commune n'émousse leurs sentiments. Et je me trompais... si lourdement, comme l'ont montré ces quelques semaines de vie confinée. Si leur impatience réciproque a vite été perceptible, je ne pensais pas qu'elle allait déboucher, en public, sur tant d'agacement, d'irritation et d'agressivité. On aurait dit que cette bombe n'attendait que les circonstances appropriées pour exploser. Il est visible que François ne peut plus supporter sa femme et, bien sûr, il culpabilise. Depuis le départ d'Astrid, il semble plus détendu. Pourtant, s'il pense ne plus pouvoir vivre avec elle, je ne sais pas s'il pourra vivre sans elle en toute sérénité. C'est un tendre qui cache volontiers ce qu'il considère comme une faiblesse sous l'humour et l'esprit, mais cette fois il semblait à bout de ses efforts, incapable de dissimuler son irritation, son rejet et même un soupçon de mépris pour celle qu'il adorait il n'y a pas si longtemps encore. Je suis sûre qu'il n'a pas voulu cela, mais lui aussi se trouve confronté au principe de réalité. Visiblement, « l'amour toujours » n'existe que dans les romans et les illusions naïves de notre jeunesse. Tambour battant, il a reconduit Astrid à la gare. De qui était-ce le choix ? Elle est probablement de retour chez eux, et je ne crois pas qu'il ait même essayé de s'en assurer. Astrid et François, Claude et moi, les ponts peuvent-ils être si brutalement, si définitivement, coupés ?

***

Ce soir, à nouveau au salon dans l'attente de la parole si ardemment souhaitée libératrice, nous étions tous plutôt tendus. Mais « Jupiter » a parlé et le tonnerre et la foudre nous ont été

188

épargnés. Cette fois, il nous a été favorable. La liberté retrouvée, enfin, après ces huit semaines de claustration forcée ! Enfin ! Enfin ! Enfin !

Bien entendu, nous avons débouché le champagne et trinqué bruyamment, avec joie cette fois. Le printemps est déjà bien entamé et l'été s'annonce ensoleillé et chaud. Nous allons pouvoir bouger, partir, penser à autre chose qu'au virus, aux hôpitaux débordés, aux attestations ridicules, aux masques étouffants, aux contrôles mesquins de nos activités, aux promenades d'un kilomètre autour de chez soi, aux forêts officiellement inaccessibles, à la peur du gendarme, aux restaurants fermés, aux cinémas muets, aux voyages impossibles, aux usines fermées, aux commerces « essentiels », aux « motifs impérieux »… ou non…

Je ne sais pas quand nos amis vont décider de partir. Mais quelque chose me dit qu'ils ne tarderont guère à quitter sinon cette cage dorée, du moins ce « cloître » protecteur que grâce à Sophie, j'ai pu leur offrir. Et nous, nous allons enfin pouvoir nous retrouver tous les deux, au calme et lâcher prise.

***

Le portail se referme lentement derrière la Subaru bleue de François qui accélère doucement en prenant le virage. Il est le dernier à partir et, visiblement, sans grand enthousiasme, pour aller s'installer « pour le moment » dans l'appart'hôtel qu'il vient de louer à Beaugrenelle. Il m'a chaudement remercié pour tous ces jours passés chez nous et sur un ton contrit a parlé de ces difficultés avec Astrid dont nous avons été témoins et quelque peu victimes. Je l'ai rassuré en disant que les amis sont là dans toute circonstance et que nous avions bien compris la situation et que j'espérais que les choses allaient pouvoir s'arranger entre eux une fois la vie ayant repris son cours normal. « J'en doute (et je dois avouer que moi aussi), a-t-il répliqué. Le cours anormal des choses a en fait été révélateur de leur réalité profonde. Astrid et moi, c'est fini. Cela devait couver depuis longtemps et j'ai manqué de lucidité, c'est tout. » Sa tristesse résignée faisait peine à voir et je me suis senti malheureux pour mon vieil ami et heureux d'avoir choisi Sophie il y a plus de vingt ans. Quelle chance j'ai eue, ou quelle intuition, de faire le bon choix alors qu'elles étaient toutes deux si belles et désirables ! Mais, le côté enfant gâtée, centre du monde, d'Astrid n'était pas pour moi, et François, lui, en était fou amoureux. Elle, de lui aussi, d'ailleurs. Mais la carrière de François l'a rendu plus vite plus mûr et moins passionné qu'elle et leurs trajectoires ont donc, pour ainsi dire, pris la tangente. Ce huis clos aurait-il fait le reste ? Suis-je en partie responsable de la situation avec mon offre qui se voulait simplement pratique et amicale ? Mais non, François n'est plus un enfant. Il sait ce qu'il fait. Je ne suis pas un chef d'orchestre. Astrid est allée trop loin. Elle voulait « le beurre l'argent du beurre et le sourire de la crémière », mais le beurre a ranci et le crémier en a eu assez de sourire. Quant à l'argent… Malgré cet accident de parcours, cette expérience de vie commune a été, je crois, positive. Nous avons eu le temps de nous voir, de nous parler, de resserrer les liens amicaux que nos obligations courantes avaient laissés se détendre et s'espacer. Nous avons eu du temps à nous, pour nous. J'ai appris à mieux connaître et apprécier Joël qui, toujours aussi discret, s'est quand même révélé plus que d'habitude. J'ai vu Corinne sortir un peu de sa mélancolie désespérée et rentrer à nouveau dans notre cercle. D'ailleurs, Joël et Corinne, à la fin, avaient l'air d'avoir trouvé un terrain commun et cela faisait plaisir à voir. Plus, si affinité ? On verra bien. Bon, finalement, des circonstances dramatiques ont été transformées en une expérience pas si mauvaise que ça. Sans trop me flatter, je crois, on pourrait même dire plutôt positive.

***

Ils sont tous partis. Jacques vient de raccompagner François jusqu'à sa voiture. Il n'avait pas l'air pressé de nous quitter, l'ami François. Il faut dire que notre confinement a bien changé les choses pour lui. Ce qui l'attend n'est guère agréable. Il se retrouve seul, « libre » dit-il. Mais ce n'est qu'une illusion, je le crains. Astrid ne le laissera pas partir si facilement. Elle est tellement dépendante et surtout, elle n'a pas l'habitude de voir François lui résister. Il cède depuis si longtemps à tous ses caprices. Mais cette fois c'en était trop. Malgré tout l'amour qu'il lui a porté toutes ces années, il a fini par se lasser.

***

Heureusement, les choses sont moins sombres pour Corinne et Joël. Il semblerait que ce séjour en communauté leur ait plutôt réussi. Elle a l'air plus sereine pour affronter le départ de Claude, et Joël était tout joyeux à la pensée de partir enfin à Princeton. Je les aime bien tous les deux, et, les voyant se rapprocher ces derniers jours, je me suis dit que notre huis clos avait eu ses bons côtés en dépit des circonstances. Cela a été parfois lourd pour moi, et probablement pour Jacques. Mais finalement, je suis heureuse que nous ayons eu cette idée (risquée ?) et pu la mettre en place. Nous avons retrouvé nos amis et les liens entre nous se sont resserrés, à la fois différents et semblables à ceux de notre jeunesse. Il est sûr que ces amis de toujours le resteront. C'était une expérience de vie qui nous a permis de passer au-delà des circonstances potentiellement catastrophiques qui l'ont engendrée. Difficile, risqué, mais positif, donc. Heureusement, pourtant, que c'est terminé et que je peux maintenant, moi aussi, égoïstement peut-être, retourner à nouveau aux activités que j'aime, me sentir plus légère sans cette responsabilité du bien-être de tous. Il ne me reste plus qu'à veiller à celui de Jacques. Ce sera simple, il est tellement heureux de retrouver ses collègues, ses projets, ses plans si bien dessinés et si précis, qu'il ne sera pas difficile à satisfaire. Il m'a attendrie ce matin lorsqu'il m'a avoué, sur le ton d'un petit garçon provoquant un peu les adultes, et pas mécontent de lui, qu'il était allé feuilleter le *Décaméron* et qu'il avait bien vu que non, c'était différent pour nous. Nous n'avions pas passé notre temps à nous raconter des histoires…

***

« Mais, mon chéri, les histoires du *Décaméron*, aujourd'hui, c'est la nôtre ! »

« Chez nous, en Ukraine »

Février 2022. Depuis bientôt quatre jours, là-bas, à une journée de route à peine, des immeubles entiers s'écroulent sous les bombes. Leurs occupants incrédules et terrifiés se terrent dans des salles souterraines ou dans les galeries du métro. Enfin, pas tous. Car la résistance s'organise avec les moyens limités du pays, mais aussi la volonté farouche et l'énergie désespérée des habitants. Voici, ce que toutes les chaînes de radio et de télévision nous font comprendre à répétition, alors que nous, nos gouvernements, s'activent lentement pour trouver une parade qui ne soit pas la guerre pour répondre à cette agression violente que seule notre volonté de ne pas y croire nous faisait penser inattendue. Le nouveau tsar tout puissant avait donné l'ordre d'envahir et de détruire l'Ukraine. L'agression flagrante et la lutte farouche bien qu'inégales des agressés rappelait tragiquement l'invasion hitlérienne de la Pologne telle que nous l'avaient livrée les livres d'Histoire. La vue des routes fourmillant de véhicules au pas, de femmes et d'enfants s'épuisant à marcher avec le maigre baluchon qu'ils pouvaient porter faisait surgir à l'esprit les images des films de la seconde guerre mondiale sur l'exode des Français fuyant l'arrivée allemande. Kiev sous les bombardements et résonnant du fracas des tirs, du bruit métallique des chars qui n'hésitaient pas à rouler sur des voitures occupées ou non, évoquait bien sûr d'autres lieux, d'autres capitales où la même armée russe avait tenté d'écraser la liberté d'autres peuples au siècle passé. La compassion et la rage impuissantes m'envahissent.

Mais, plus étrange peut-être, la vue de Kiev, de ses bâtiments élégants au milieu des immeubles bruts de ces dernières décennies, fait aussi remonter à ma mémoire des souvenirs de jours paisibles. Je n'avais pas pensé à elle depuis des années, peut-être même des décennies. Madame S. est de nouveau auprès de moi.

Je devais avoir cinq ou six ans lorsque nous avons déménagé. L'immeuble, à l'ombre de la tour Eiffel, était d'aspect modeste dans ce quartier où les avenues ombragées portent des noms de généraux ou d'amiraux plus ou moins célèbres et les rues latérales ceux d'artistes ou d'écrivains souvent inconnus. Je ne sais pas comment ma famille avait atterri là, mais ce fut l'immeuble qui a marqué mon enfance.

L'appartement, comme tous les autres, était petit. Ce dont je me souviens particulièrement ce sont les voisins, une petite communauté sympathique et assez originale. Plusieurs couples plutôt âgés d'émigrés russes y côtoyaient des couples masculins d'artistes, de couturiers et de modistes qui gravitaient autour de Cardin et de Saint Laurent, plus quelques familles françaises dont les enfants étaient rares. Ce qui contribuait à l'atmosphère paisible du lieu. Cette rareté enfantine fit rapidement de moi un objet d'attention lorsque nous nous croisions dans le couloir ou devant l'ascenseur. Madame S. me souriait et me parlait toujours quand nous nous rencontrions. Elle était déjà vieille mais discrètement élégante et souriante. Elle parlait avec un accent qui me surprit au début. On m'expliqua que c'était une dame russe, une Russe blanche (mais y en avait-il d'une autre couleur ?). Son mari, un vieux monsieur grand, svelte et digne, à la voix grave, un peu impressionnant, mit plus longtemps à se laisser apprivoiser. Mais au bout de quelques mois, nous ne pouvions plus prendre l'ascenseur avec lui sans qu'il demande à maman s'il pouvait m'offrir un bonbon. Il en tirait des poches de son manteau où ils avaient visiblement séjourné un temps certain, ce qui les rendait difficilement consommables, comme je m'en rendis vite compte. Je comprenais que je devais d'accepter ce cadeau avec politesse mais que je n'étais pas obligée de le déguster devant lui, et donc par un geste symétrique les bonbons prirent assez vite le chemin de mes poches.

Bientôt, mes parents et M. et Mme S., qui n'avaient pas eu d'enfants, furent en très bons termes. On nous invitait en voisin de temps à autre à des soirées qu'ils donnaient dans leur deux-pièces assez semblable au nôtre. Des soirées où se retrouvait une petite partie de la noblesse russe désargentée de Paris. M. S avait été, disait-on, un grand et célèbre avocat à Saint-Pétersbourg. Leur ami M. Z., ancien capitaine de la Garde impériale et maintenant chauffeur de taxi parisien, baisait la main de ma mère avec une grâce étonnante. Son prestige à mes yeux augmenta encore lorsque j'appris qu'il avait été page du tsar et qu'on me montra une vieille photo brunie où un jeune adolescent en costume de cour se trouvait au premier rang d'un groupe de courtisans. À l'époque, les exploits des trois mousquetaires, de Lagardère et d'Ivanhoé nourrissaient une imagination déjà fertile, et mon sentiment chevaleresque était quelque peu développé. Lorsque nous étions invités, seuls Français présents, la conversation se déroulait dans notre langue qu'ils parlaient tous parfaitement avec cet accent particulier que j'essayais parfois d'imiter dans mes jeux. Nous nous éclipsions assez tôt pour les laisser entre eux.

Mme S., que ma mère appelait Élisabeth, ses amis russes Lisa, et son mari Lisouchka, venait souvent à la maison. Lorsque j'eus une dizaine d'années, elle m'offrit un livre de la collection Rouge et Or, ma préférée. C'était son premier vrai cadeau : *Maroussia*, l'histoire d'une petite fille ukrainienne de mon âge qui se sacrifie par patriotisme alors que son pays est envahi par les Russes. Je lus ce livre avec avidité et bon nombre de larmes. Car la tristesse de cette histoire était compensée par sa dimension héroïque qui la rendait exaltante. À part Jeanne d'Arc, il n'était pas fréquent que les filles soient des héroïnes combattantes.

Lorsque je parlais à Mme S. de ma lecture de *Maroussia*, elle qui ne parlait jamais du passé, se mit à évoquer son enfance. « Je passais l'été avec mes parents, chez nous en Ukraine dans une grande maison pas très loin de Kiev, qui est une très belle et très ancienne ville. C'était merveilleux, et lorsque j'étais petite je courais avec mes cousins dans la campagne près de chez nous. » Dans le petit appartement parisien, sa voix chaude faisait renaître la campagne dorée et le ciel bleu, lumineux, la chaleur de l'air d'été. « Après, nous retournions à Saint-Pétersbourg et pour moi au pensionnat, ce qui était beaucoup moins drôle. Après, quand j'ai grandi, je retournais bien sûr l'été chez nous en Ukraine, mais je n'avais plus le droit de courir où je voulais. Cela ne se faisait pas, n'est-ce pas, pour une jeune fille bien élevée. Après je me suis mariée, à Saint-Pétersbourg, et je retournais moins souvent en Ukraine. Bientôt, il y a eu la guerre, et la révolution, et je n'ai plus pu revoir ma maison... Nous avons dû fuir, c'était très dangereux. Nous avons pu venir en France, à Paris, et j'ai dû travailler car nous n'avons pas pu emporter grand-chose. Cela fait bien longtemps maintenant que je n'ai plus vu l'Ukraine. Mais elle est toujours là dans mon cœur, dit-elle en se touchant la poitrine, telle qu'elle était quand j'avais ton âge.

— Vous ne voudriez pas retourner chez vous, dans votre maison ?

— Non, plus maintenant, je suis trop vieille, et d'ailleurs ce n'est pas possible, les bolcheviks ne me laisseraient pas. Je ne sais même pas si ma maison existe encore. Ils ont probablement tout brûlé il y a déjà bien longtemps. Et mes cousins, ceux que les bolcheviks n'ont pas tués, sont peut-être morts de faim.

— Mais les gens se sont laissé faire ? Ils n'ont pas résisté, ils ne se sont pas battus comme Maroussia ? »

Pour toute réponse, je n'eus ce jour-là qu'un triste sourire. L'Histoire et ses terribles vicissitudes étaient probablement trop difficiles et trop pénibles aussi à expliquer à une petite fille pour madame S.

Même s'il ne s'agissait pas de se battre, je savais que madame S. était courageuse et résiliente. Malgré son âge, elle travaillait encore beaucoup. Il le fallait bien. Son mari, le grand et célèbre avocat de Saint-Pétersbourg, de dix ans son aîné, ne pouvant trouver en France un statut équivalent, avait décidé que tout autre travail serait contraire à sa dignité. Il passait donc ses journées à lire et à se promener en ville, rencontrant parfois d'autres exilés oisifs comme lui. Assez vite, au fil des mois, peut-être de quelques années leurs ressources s'étaient épuisées. Il ne restait plus qu'à travailler. Ce fut Mme S. qui s'y mit. Évidemment, rien dans son éducation ni sa vie antérieure ne l'y avait préparée. Je la voyais souvent, lorsque je partais à l'école, s'installer dans sa vieille 2CV. Elle gagnait leurs vies comme manucure à domicile d'autres dames russes plus fortunées et de Françaises de la bonne société. Ce statut subalterne ne semblait pas l'affecter. Elle était extérieurement à la fois gaie et digne.

197

J'entendais parfois des bribes de conversations avec ma mère, que son sens de l'humour faisait sourire. Comme cette fois où, rentrant tard un soir – son pas s'était peut-être alourdi avec les ans mais elle avait conservé sa silhouette de jeune fille – elle avait été suivie par un jeune homme qui lui avait demandé la permission de l'accompagner, et auquel elle avait répondu d'un ton vraisemblablement amusé « Oui, jusqu'au prochain réverbère ! » Après tout, c'était plutôt flatteur à plus de soixante-dix ans. Ce courage discret, permanent, déterminé dans une vie modeste et sans grande joie, semble-t-il, lui valut un respect certain à mesure que je grandis et pris conscience des réalités de la vie. Évidemment, l'adolescente que j'étais devenue trouvait pénible son insistance à m'embrasser en public, même dans la rue, lors de nos rencontres, mais je l'aimais bien et l'acceptais de mauvaise grâce intérieure.

Son mari mort, elle partagea l'appartement avec une autre vieille dame russe désargentée et solitaire pour amortir les frais. Au bout de quelque temps, toutes deux partirent dans une maison de retraite de leur communauté sur la Côte d'Azur. Je ne la revis jamais.

***

Un siècle après son départ forcé de son Ukraine natale, à l'histoire si souvent tragique, le bruit et la fureur résonnent à nouveau dans le ciel et les rues de Kiev. Des gens résistent et se battent, comme Maroussia. Contre la puissance des missiles et des chars russes, contre la brutalité cynique de leur chef, contre les atrocités bestiales de la soldatesque. Comme leurs ancêtres contre les bolcheviks et leurs soviets, les Ukrainiens ont peu de chance, mais la détermination, l'esprit de résistance et le patriotisme qui animaient déjà une petite fille du XVIIIe siècle et le peuple ukrainien du XXe sont encore bien vivants. Nous sommes au cinquième jour de cette lutte farouche et Kiev, comme d'autres villes du pays tiennent toujours. Comme l'armée, la guérilla urbaine avec ses armes plus ou moins dérisoires, artisanales, tient tête aux soldats surentraînés et aux mastodontes d'acier qui frappent toujours plus fort sans discrimination une population qu'ils croyaient sans défense. Comme à Prague il y a un demi-siècle, des gens, femmes de tout âge, les mains nues, s'adressent aux jeunes tankistes russes éberlués, les vilipendent et les somment, jusqu'ici sans succès, de repartir chez eux.

L'aube du dixième jour s'est levée sur des villes en ruine, incendiées par bombes et missiles de jour et de nuit. Même dans les ruines, elles tiennent encore. « Chez elle, en Ukraine » on se bat jusqu'au bout. Quand ils étaient jeunes, les Ukrainiens ont probablement tous lu *Maroussia*.

Qi Gong

Déjà rasante, elle prenait une légère teinte bleutée dans le sous-bois environnant comme tissée par d'innombrables fils de la Vierge. Mais la chambre, elle, était en pleine lumière et baignait dans une chaleur plaisante. Elle semblait les attendre et les inviter. C'était en effet le lieu idéal pour s'installer et partager toutes ensemble ces heures précieuses. La camaraderie, voire l'amitié, qui liait ces femmes d'âge, d'origine et d'horizon différents était née de cette pratique commune dans laquelle chacune trouvait un moment pour s'appartenir enfin... Elles étaient arrivées dans la clairière après une brève marche dans le petit bois aux essences variées. Les chênes qui la bordaient dessinaient un rectangle assez vaste au centre duquel des mégalithes de granit formaient les parois d'une chambre elle aussi rectangulaire éclairée par un doux soleil. En ce tout début d'automne, la lumière presque à sa manière mettait en œuvre sa richesse intérieure et contribuait ainsi à créer ce tout qui était leur groupe dont l'énergie, elle aussi commune, allait être partagée entre toutes. Impatientes de commencer elles choisirent leur place entre ces murs millénaires et prirent position pour sentir peu à peu le calme intérieur se mettre à l'unisson de celui qui émanait du lieu. L'énergie que dégageaient ces blocs de granit disposés là depuis la nuit des temps dans un but inconnu fut bientôt perceptible au corps et à la conscience de certaines, et une émotion mêlée de respect les envahit. Ce n'était pas un sentiment désagréable mais plutôt étrange qui les préparait en quelque sorte à entrer dans un autre monde lui aussi millénaire.

***

Les pieds nus s'étalent et s'enfoncent dans le sol herbeux ; les talons insistent pour s'ancrer encore plus profondément. La terre fraîche, sensation agréable dans l'insistance mise par le corps à entrer en étroit contact avec elle, offre cette stabilité matérielle rassurante. Stables et solides les jambes se sentent bien. Le corps s'alourdit progressivement comme attiré par la densité de la terre.

Comme ceux du prêtre à l'autel les bras s'élèvent vers le ciel. Ils s'élèvent lentement en un geste d'appel mais pas d'imploration. L'âme recherche la sérénité mais ne ressent pas le manque. Le bout des doigts tendu vers l'azur frémit comme à son contact. Les yeux mi-clos levés vers lui se laissent pénétrer de sa lumière. Puis lentement, les bras s'écartent en redescendant vers l'horizon puis la terre. Les doigts se rapprochent au bout de la courbe des bras, et leur extrémité frémissante s'écarte à nouveau. Le geste recommencé, toujours aussi lent et peut-être plus encore, le même geste d'élévation et d'appel qui s'installe délicieusement, les yeux mi-clos absorbant la lumière, la peau absorbant l'air, léger tout d'abord, dont les paumes ouvertes perçoivent peu à peu la densité, résistance légère au mouvement ralenti. La conscience du corps, de chaque millimètre parcouru dans ce geste répété occupe peu à peu tout l'être. Un bien-être joyeux et paisible préparé dans cette répétition libère des contraintes habituelles, permet l'ouverture à une autre forme de conscience. Les mouvements se diversifient mais, toujours lien entre ciel et terre, le corps prend possession de l'espace et devient un avec l'alentour. Puis chaque articulation, des chevilles à la nuque, des doigts jusqu'aux épaules, entre lentement dans le mouvement qui lui est propre, se déroule et s'ouvre pour trouver son aisance puis son harmonie avec le reste, entraînant dans une méditation mobile l'être tout entier, qui aspiré vers une forme de spiritualité tout en restant inscrit dans le corps matériel.

Malgré les lourdeurs et les maladresses d'un corps rouillé ou engourdi, ce sentiment de communion donne, aux mouvements enchaînés, dans la conscience et l'imagination, la légèreté, l'harmonie d'une sorte de danse ralentie, précise, souple et gracieuse, dont la profondeur émane de l'âme. Le souffle s'amplifie et s'allonge dans tout le corps, régulier et calme. Et ce souffle humain, dans un corps détendu qui s'en laisse pénétrer, se mêle à celui, éternel, de l'univers. L'être ne se voit plus dans le monde qui l'environne, il *est* tout simplement. Un avec l'univers, immanent plus que transcendant. Vide intérieur qui n'est pas manque mais au contraire plénitude, hors de la pensée consciente. Bien-être ineffable et pourtant fugitif, lié à l'instant de sérénité né de la seule conscience qui habite le mouvement. Yin et yang ; ces apparentes contradictions illusoires n'encombrent plus la pensée, ne viennent pas ternir le plaisir de l'épanouissement que donne le déroulement de ces mouvements longuement répétés dans une lenteur délicieuse, et qui au moment où l'être les accomplit deviennent véritablement siens, l'expression de lui-même. À travers eux, il se révèle à lui-même. Plaisir d'être au monde, plaisir d'être du monde, de ce monde, ici et maintenant, instant d'éternité renouvelé par la succession des gestes enchaînés dans la sensation de l'air fendu par les bras, de la terre fermement tenue sous les pieds, de la lumière du ciel perceptible et chaude sur les paupières mi-closes, du léger bruissement des arbres tout proches, de la fraîche odeur d'herbe qui flotte alentour... Je suis air, terre, lumière, arbre et herbe, et je suis Homme entre ciel et terre. Et je suis bien. L'harmonie du monde peut s'installer en moi dans ce moment de grâce. Ralenti du geste, intensification de la conscience.

Talons serrés, bien ancrés dans le sol, le corps droit, mes bras montent vers mes épaules, dos de main joints. Je monte du fond de l'eau pour aspirer l'air tiède avant d'esquisser une brasse lente qui écarte l'air devant moi dans un geste ample et sûr. Alors que mes bras repliés conduisent mes mains ouvertes jusqu'aux genoux, mes jambes se déplient et s'élancent à nouveau dans un long bond contrôlé. Je suis le crapaud d'or de la prospérité qui, joyeux, nage dans l'eau claire et nourricière. Je reviens à la surface pour aspirer l'air tiède aux douceureuses saveurs d'eau et d'herbe mêlées avant de replonger dans la caresse liquide. Et encore... et encore... et encore... le mouvement, fluide, se répète, élan et concentration du corps tout entier se succèdent comme une aspiration, un jaillissement hors de l'eau, comme un jeu avec les éléments air-eau qui libère le corps et l'esprit de ces contraintes matérielles. Je nage dans une eau calme et monte à la surface pour respirer l'air pur au parfum humide. En imagination, mon corps se meut avec aisance dans les deux éléments, et ce bien-être apaisant devient ma vie.

Les dos de main s'épousent, les bras montent lentement jusqu'à la taille pour s'ouvrir en un geste d'offrande avant de retomber, écartés, le long corps. Ils s'écartent encore et l'arrondi qu'ils tracent monte lentement jusqu'au-dessus de la tête, mains tournées vers le ciel, avant de redescendre comme un long battement d'ailes. Et encore... et encore... et encore... Je suis la grue blanche de l'immortalité qui déploie ses ailes et prend son envol avec une grâce inconsciente pour parcourir l'étendue du ciel. Ces battements d'ailes m'entraînent et je vole dans l'air dont je sens la densité sur mes mains et mes bras. Légère et libre, mais généreuse aussi je donne, je me donne au monde, et l'envol de la grue de l'immortalité abolit la notion du temps, nouvel élan vers l'au-delà de la quotidienneté. Le geste lent renouvelé devient acte et symbole à la fois.

Le corps souple et sinueux oscille, symétrique au mouvement des mains jointes qui dessinent, du ciel jusqu'aux profondeurs de l'océan, le signe de l'infini. Les méandres tracés par les mains et les vertèbres, verticaux comme ceux d'un fleuve sur la mappemonde, font couler un flot d'énergie céleste à travers la terre et l'eau. Le corps se concentre et se densifie lorsque les mains jointes passent devant l'œil intérieur de la conscience puis lentement devant le nombril, terre originelle d'où tout a commencé. Je suis le petit dragon du printemps bleu comme le ciel, vert comme la terre selon les courbes de mon corps. Des profondeurs de l'océan, le geste de mes mains rapporte une eau vivifiante que je peux ensuite, retourné dans les hauteurs célestes, déverser sur le monde. Petit dragon, lien entre ciel, terre et profondeurs abyssales, évolue dans un mouvement ondoyant qui écarte tout choc, toute violence ; et la gestuelle qui s'applique à évoquer, sinon à imiter, ton mouvement incite l'esprit à l'accueil de la souplesse intérieure et du don. Donner, comme le dragon mythique à l'univers, ce qui vivifie et pousse à l'épanouissement de l'âme vers la maturité.

Je suis le phénix qui danse en survolant l'univers. Ses quatre directions m'appartiennent. De la hauteur du ciel, je domine l'espace. Je recueille l'énergie de la terre endormie pour m'élancer vers l'Est et le lever du jour, de la conscience. Je salue le soleil levant et mes bras, mes ailes, se déploient dans l'air pur du matin de ma danse. Elles se ploient à nouveau pour redescendre vers la terre, reprendre des forces et cette danse joyeuse en regardant le Nord. Je me retourne alors, et survole, les bras amplement déployés sur tout l'horizon, l'étendue des continents et des mers, l'immensité des plaines fertiles et des montagnes arides. Je plane avec aisance au-dessus de l'Himalaya avant de saluer le soleil couchant et danser vers l'Ouest puis le Sud, dans un grand élan de plénitude joyeuse. Et encore... Et encore... Et encore. Un sentiment de bonheur intense me pénètre tandis que l'espace et le temps se déroulent à mes pieds. Ma danse n'aura pas de fin tant que le mythe du phénix habitera le monde et que les cieux seront empreints de la joie de ma danse.

Presque à quatre pattes, le dos arrondi comme une carapace, la tête rentrée dans les épaules, mes bras, petites pattes, se lancent lentement vers l'avant pour entamer une lente progression. Comme par curiosité, mon dos s'étire tandis que ma tête, mon cou s'avancent pour contempler le monde sous mes yeux, puis se rétractent alors que mes bras se replient doucement, les poignets tombants, dessinant un cercle pour se poser sous la protection de mon dos et assurer un ancrage plus solide sur la terre qui me porte. Avec lenteur, persévérance et circonspection mes bras, ma tête, mon cou, ressortent et s'élancent, toujours aussi lentement, dans ces gestes où alternent curiosité de la découverte et prudence devant celle-ci. Puis, circonspecte, je me retourne dans la direction opposée et recommence cette lente prise de contact avec la réalité aux deux extrémités de l'horizon. Je suis la tortue de la longévité. La sage prudence qui accompagne la démarche, la constance du regard fixé sur le sol où se posent ces pas menus donnent, par cette proximité avec le monde solide du réel terrien, tangible, les atouts de la longévité.

Les dos de mes mains une nouvelle fois joints, doigts-racines tendus vers la terre pour en capter l'énergie, montent lentement vers le cœur où les mains se replient pour en prendre la forme. Puis, bouton qui éclot, s'ouvrent lentement avant que les mains jointes ne s'élèvent vers la lumière du ciel au-dessus de ma tête. Je suis la fleur de lotus en train d'éclore. Les mains souples se séparent, fleur qui s'épanouit, tandis que les bras s'ouvrent à leur tour en un mouvement ample et lentement redescendent jusqu'à ce qu'une légère oscillation des reins les renvoie légèrement en l'air avant de se poser, pétales du lotus éclos, sur la surface d'une eau profonde et calme. La grâce de la fleur ayant atteint la perfection de son être et reposant, paisible, sur la surface de l'eau ouvre mon cœur à la sérénité par ce sentiment de beauté et d'accomplissement. Le souffle se fait plus large et plus profond. Un grand bien-être envahit ma poitrine. Le monde est plus vaste et plus beau.

Pendant que je suis crapaud, grue, dragon, phénix, tortue, ou fleur, mon corps se concentre et prend dans la constance et la lenteur, les attributs symboliques de ces animaux ou de cette fleur mythiques, je me les approprie l'espace d'un moment privilégié, et mon humanité s'en trouve augmentée. Je suis, pour un temps, plus que moi dans l'harmonie de mon corps assoupli et de mon âme nourrie ; harmonie aussi de tout mon être avec le souffle et la richesse de l'univers perçus par tous les pores de ma peau et ma conscience dilatée, attentive.

Alors la joie et l'émotion de cette découverte ressenties par tout l'être s'expriment à leur tour. Porté par l'élan venu du plus profond de mon être jusqu'à mon épaule, mon bras amplement dessine le cercle du tao au cœur du monde, tandis que la courbe de l'autre, levée vers le ciel, soutient la spirale ascendante du mouvement perpétuel de la vie tracée par mon poignet et mes doigts, et que mon corps, en fentes et reculs légers et souples, en marque la cadence. Essences du commencement qui s'enchaînent depuis la nuit des temps, Ying et Yang s'harmonisent dans cette dynamique éternelle exprimée par ces gestes et dont je suis. L'infiniment petit de mon être participe de l'infiniment grand. Conscience d'appartenance qui exorcise, ne fût-ce qu'un instant, la peur d'être au monde dans l'individuation.

« Être un avec l'univers. Si digne et si simple » et pourtant si rare dans la vie ordinaire. Par cette méditation mobile, lente, délicieuse, et pourtant profonde, les tensions corporelles se sont estompées, une certaine fluidité s'est installée dans le mouvement comme dans la pensée. Pour quelque temps s'ancre dans le corps et l'âme un sentiment de paix, plus encore, d'accomplissement, de bonheur et d'épanouissement.

***

Imperceptiblement, les heures avaient passé. La lumière était devenue plus rasante encore, le ciel visible entre les branches des chênes plus sombre, annonçant la fin du jour, la fin de la pratique et de ce temps où elles s'étaient abstraites d'un certain monde et de sa quotidienneté. Elles quittèrent leur place dans la chambre de pierre, mais il leur était impossible, au moins pendant un long moment, de briser le silence intemporel qui les avait accompagnées, chacune et toutes ensemble, dans leurs évolutions. La magie du lieu avait opéré et le sentiment de bien-être qui était né de leur pratique persistait durant leur lent retour silencieux vers ce que certains appellent la normalité. Par petits groupes, elles reprirent le chemin forestier qui les conduisait jusqu'à la route du retour à la vie ordinaire…

Table des matières

Imprimé en Allemagne
Achevé d'imprimer en avril 2022
Dépôt légal : avril 2022

Pour

Le Lys Bleu Éditions
40, rue du Louvre
75001 Paris